債券投資のリスクと デリバティブ

―投資家のための金融工学―

安岡孝司 著

大学教育出版

はじめに

　近年では金融商品やポートフォリオのリスクはコンピュータシステムで計算できるようになっています。金融商品の多様化と複雑化が進み、そのリスクがわかりにくくなっていることから、リスク管理システムからでてくる数値を鵜呑みするだけの状況に陥っていないか大変気になるところです。その意味ではシステムのアウトプットを理解するための素養として金融工学的な洞察力が広く求められる時代になってきているといえます。

　本書は債券のリスク評価とデリバティブによるリスクヘッジの考え方を、金融工学の観点から投資家向けにわかりやすく説明するものです。読者対象には債券運用、リスク管理、ALMやリスク管理システムの関係者を想定し、金融工学の専門家でない人にリスク評価の基本的な考え方を伝えたいと考えています。そのため数理的な内容を図表や計算例で直感的に説明し、計算が面倒なところは付録に回し、本文はできるだけわかりやすい内容にしています。

　本文の内容は金融リスクの定義と無裁定の原理から始まり、債券価格の計算とリスク評価に進み、デリバティブによるリスクヘッジの方法を扱います。とくにデリバティブについては先物によるリスクヘッジに重点をおいています。ボラティリティやVaRによるリスク評価と分散投資によるリスク低減には確率論的な考え方が必要なので、これについては実務レベルで理解できるように説明しました。

　本文で示した債券価格やリスク値の評価式はエクセルなどで計算でき、近似式は暗算でできる内容になっています。その一方では、厳密性を犠牲にした点は否めません。また債券価格の計算方法は金融工学的な考え方に基づいているため、実際の取引での計算方法とは違う場合もあります。厳密な理解や実務レ

ベルでの詳細な計算が必要な場合はそれぞれの専門書や実務書に進んでください。リスク管理システムから出てくる数値や市場取引のメカニズムを理解する上で、本書が多くの人に役立つことを期待しています。

　本書を執筆する上で、筆者が本務先で社会人向けに行った金融工学勉強会（2009～2011年）とMOT塾金融工学入門（2011～2012年）の参加者とのディスカッションから多くのヒントをいただきました。このメンバーに校正をお願いしたところ、数日間で20人近い方から驚くほどの数のチェックが返ってきたことに心から感謝しています。また大学教育出版の企画・編集の方には出版に至るまで長く見守っていただき、たいへん感謝しています。

2011年12月

著　者

債券投資のリスクとデリバティブ
――投資家のための金融工学――

目　次

はじめに …………………………………………………………… i

第1章　リスク評価へのガイダンス …………………………………… 1
　1.1　投資のリスクとは　　1
　1.2　価格評価とリスク分析　　3

第2章　債券投資とリスク ……………………………………………… 7
　2.1　債券の種類とそのリスク　　8
　2.2　無リスク金利とリスクリターンの関係　　11
　2.3　無裁定の原理　　16

第3章　債券の金利リスク ……………………………………………… 18
　3.1　現在価値と割引率　　18
　3.2　債券の利回り　　20
　3.3　市場金利と債券の価格　　21
　3.4　債券の価格変動と金利リスク　　25
　3.5　債券価格の簡易近似　　28
　3.6　債券の金利リスクの近似：BPV　　30
　3.7　債券のデュレーションと金利感応度　　32
　3.8　イールドカーブの形状とその変化　　36

第4章　債券の為替リスクと信用リスク ……………………………… 41
　4.1　外国債券　　41
　4.2　外国債券のリスク　　44
　4.3　社債の利回りと信用リスク　　46
　4.4　信用スプレッド　　50

目 次　v

第5章　債券投資に関連するデリバティブ …………………………………… 57
- 5.1　先物取引　*57*
- 5.2　先物取引によるリスクヘッジ　*60*
- 5.3　債券先物　*63*
- 5.4　取引最終日での債券先物の価格　*66*
- 5.5　債券先物の理論価格　*70*
- 5.6　債券先物によるヘッジ比率　*73*
- 5.7　先渡と先物の価格　*76*
- 5.8　ロールオーバーと限月間スプレッド　*80*
- 5.9　為替予約の予約レート　*83*
- 5.10　フォワードレート（先渡金利）　*85*
- 5.11　スワップ　*88*
- 5.12　クレジット・デフォルト・スワップ　*94*
- 5.13　オプション　*97*
- 5.14　プットオプションによるリスクヘッジとその効果　*101*
- 5.15　オプションが組み込まれた債券　*106*

第6章　不確実性とリスク ……………………………………………………… 111
- 6.1　煙突の煙と証券の価格挙動　*111*
- 6.2　価格変動の不確実性とボラティリティ　*114*
- 6.3　分散投資の効果　*116*
- 6.4　コイン投げゲームとリスク分散　*122*
- 6.5　バリュー・アット・リスク（VaR）　*126*
- 6.6　ポートフォリオのVaRと分散投資効果　*131*

第7章 付　録·· 135
　　7.1　正規分布の性質とブラウン運動　135
　　7.2　大数の法則　137
　　7.3　金利と利率が等しいときの債券価格　139
　　7.4　デュレーションと修正デュレーションの計算　141
　　7.5　先物と先渡の価格関係　143
　　7.6　外貨建て債券の価格　146
　　7.7　ボラティリティの計算　149
　　7.8　ポートフォリオの銘柄数と分散効果　154
　　7.9　信用リスクポートフォリオの収益率の確率分布　156

索　引·· 160

債券投資のリスクとデリバティブ
―投資家のための金融工学―

第1章
リスク評価へのガイダンス

1.1 投資のリスクとは

　株や債券への投資のリスクを金融工学的に考えるときは、株や債券の発行目的や仕組よりもその値動きに着目し、そのリスクを測るときも金融的な仕組より価格変動の特性に注目します。

　ある日のA社の株価が1,000円で、予想配当が10円としましょう。A社の株式を投資目的で買う場合は、配当よりも値上がり益を期待しているほうが多いかもしれません。A社の株価は1年で2割程度の変動があるとすると、うまくいけば2割の値上がりが期待でき、逆に2割の値下がりも考えられます。ここで「A社株への投資のリスクは何か」と問題を出すと、「値上がりによって利益を得ることもあれば値下がりで損することもあるので、損得が打ち消しあってリスクはゼロです」と答える人がまれにいます。このように答える人には次の問題を考えてもらいます。B社も株価が1,000円で配当が10円とします。簡単のためA社もB社も経営破綻や、吸収・合併がないものとしましょう。B社の株価変動は大きく、年に4割程度の変動があるものとします。このときA社とB社の株式への投資の、どちらのリスクが大きいでしょうか。

相変わらず「値上がりと値下がりの可能性が同じなので、損得が打ち消しあってどちらもリスクはゼロです」と平均値で考える人がいますが、「値下がりを考えると、B社の方が値下がり幅が大きくなりそうなので、B社株のほうがリスクが高いのでは」と慎重な答えが出てくるようになります。リスクゼロ説に近い意見としては「仮に4割値下がりしても売らなければ損は表面化しないし、持っていればいつか価格が戻るかもしれない」というのもあります。株価が回復する可能性をまったく否定することはできないので、この考え方が間違っているとはいえません。

しかし、これではリスク管理の話に進まないので、リスクの定義を確認しておくことが必要です。ここでは「リスクとはさまざまな不確実性によって、ある期間内に生じる不都合な事態の可能性」ということにします。したがって株価が値下がりしてもその後回復するかもしれないとは考えず、期間を例えば1年と決めて、1年以内に値下がりする可能性があるならそれをリスクと考えることにします。

A社株とB社株の比較の話に戻ると、1年後の株価で値下がりの方（不都合な事態）だけに注目すると、B社株の方が値下がり幅が大きいと考えられるので、B社株の方がリスクが大きいことになるのです。

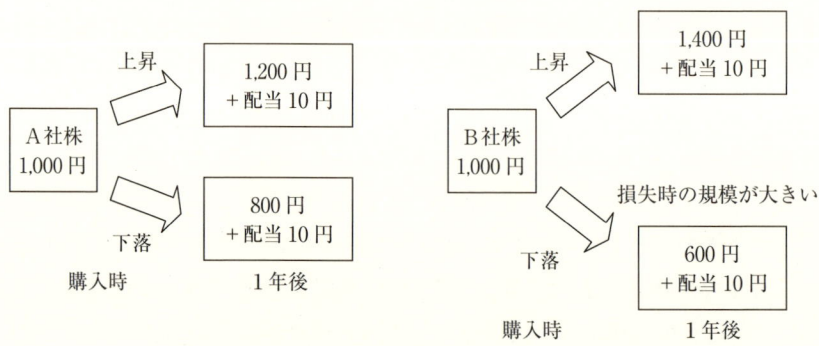

図1.1.1　A社株とB社株への投資リスクの比較

1.2 価格評価とリスク分析

リスクの意味がわかったところで次は「なぜ価格評価がリスク管理に必要なのか」という質問に出会うこともあります。この疑問は2段階にわけて考えるとわかりやすくなります。第1は「国債は毎日の取引価格がわかっているのに、なぜ債券価格の計算方法が必要なのか」という問題です。2章で詳しく説明しますが、国債の金利と価格はある数式で関係づけられます。これを「金利と価格の関係式」と呼ぶことにします。この関係式は将来のお金の受払（キャッシュフロー）を現在価値に換算する考え方に基づいていて、価格計算の基礎になっています。国債の流通市場では国債の利回りで取引され、受渡しするときの価格はその利回りから計算されます。また国債の市場取引の量は非つねに大きいことから、国債の利回りを市場金利と考えます。

同じ日に発行されたAとBの2種類の期間5年の国債を考えます。Aのクーポンは年2円、Bのクーポンは3円とします。国債Aは毎日市場で売買されているものとすると、その利回りと価格は市場から知ることができます。一方国債Bは大手の機関投資家がほとんどを保有していて市場取引がまったくないとすると、国債Bの市場価格がわかりません。そこで国債Aの利回りを5年の市場金利と考え、金利と価格の関係式によって国債Bの価格を導くこと

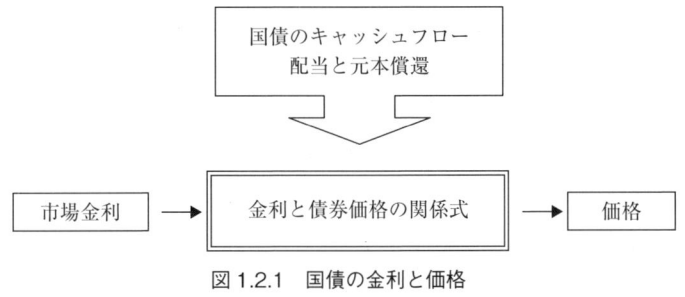

図1.2.1　国債の金利と価格

ができます。金利と価格の関係式は市場金利から債券の価格を求める際に利用できるのです。

またローンなどのように流動性の低い金融商品は市場価格がわかりません。そのような商品の理論価格を求めるときも国債の価格計算の考え方が基本になります。これは保有している金融商品の時価を測るだけでなく、売買するときの適正な価格を知るためにも重要です。キャッシュフローが不確実なものや、元本償還の信頼性に疑問がある金融商品についても金利と価格の関係式にこれらの不確実性を加味して理論価格を計算します。債券の価格を計算する方法はあらゆる金融資産の価格評価に適用できる考え方なのです。

第2段階の問題として「価格計算ができると、なぜリスクの大きさがわかるのか」について考えます。これを国債投資の例で考えてみましょう。まず1年国債のクーポンは1％、10年国債は2％とし、簡単のため年1回の利払いで考えます。1年国債は1年後にクーポンの1円と額面の100円を受け取ります。10年国債は毎年2円のクーポンを受け取り、10年後に2円のクーポンと元本の100円を受け取ります。10年国債の投資効率（リターン）は1年債の2倍です。どちらも満期まで持ち切れば額面の100円を受け取りますが、途中で売ると元本割れの恐れがあります。

ここで「1年国債と10年国債のどちらに投資しますか」と聞けば、2通りの答えに分かれます。10年債を買うと答える人の多くは、「1％の利回りより

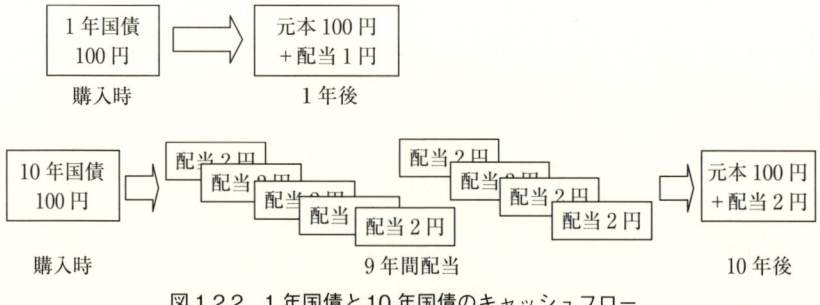

図1.2.2　1年国債と10年国債のキャッシュフロー

2％の利率のほうが得だから」という理由をあげると思います。1年債を選ぶ人は、「10年もお金を預けると、不測の出費のときに困るから」という理由が多いでしょう。10年債は利回りがよい反面、長期間預けることに漠としたリスクを感じているのです。

　このリスクをどのようにして測ればよいのでしょうか。それはある期間を定めて結果を比べるとわかりやすくなります。仮にその期間を1年として1年後に換金する場合を考えます。図1.2.3のように1年債はクーポンの1円と元本100円が戻ります。10年債はクーポン2円を受け取れますが、いくらで売れるかわかりません。もし債券が値上がりしていて102円で売れると、総受取額は104円なので1年債より有利です。

　逆に値下がりしていて98円で売るような場合は、総受取額が100円になり1年債より不利です。1年債の受取額は確定していますが、10年債には1年債より不利になる可能性があるのです。したがって10年債のほうがリスクが大きいはずです。このリスクの大きさの違いを定量的に比較する方法を以下で説明します。

　図1.2.4のように、金利と債券価格の関係式に予想される将来の金利を適用

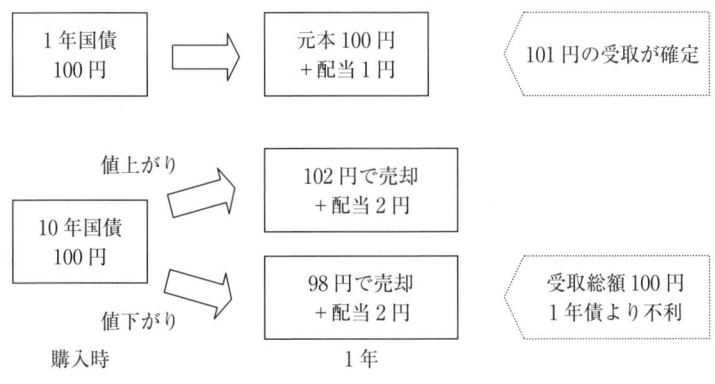

図1.2.3　1年国債と10年国債を1年後に売却

すると、金利変化後の価格を計算できます。3.6節で説明する内容によると、同じ金利変化に対する10年債の価格変化は1年債の10倍近くあります。この価格変化の大きさは債券のリスクを表す尺度になります。市場金利が実際に変化しなくても、想定される金利変化に対する債券価格の変化がわかることから、金利と価格の関係式はリスク管理に使えるのです。

　市場金利から債券の価格を計算することはリスク管理のための第一歩です。図1.2.5のように、キャッシュフローがさらに複雑な金融商品についても、その価格を求める方法があれば市場金利を変えて価格の変化を知ることができます。これによってさまざまな金融商品のリスクを測ることができるようになります。

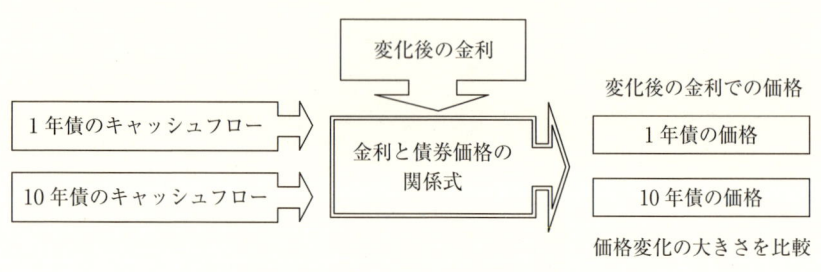

図1.2.4　金利の変化と債券価格の変化

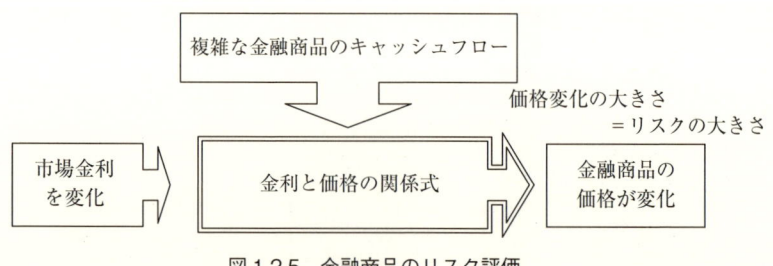

図1.2.5　金融商品のリスク評価

第2章
債券投資とリスク

　債券とは国や地方公共団体、民間企業などが一定期間の資金を借り入れるために発行する証券の一種で、株式と同じように売買できます。株式と違って配当はありませんが、利子（クーポン）が付きます。また償還期限が決められている点でも株式とは異なり、償還日には額面金額を受け取ることができます。募集形態では公募債と私募債に分類され、前者は広く不特定多数の投資家が債券を購入できる債券で、後者は特定の関係者が購入できる債券です。

　債券は発行体、発行方法、利払いなどの形態によってさまざまに分類されますが、本書はリスク管理を目的としているので、利払いや元本償還が確実に行われるのであれば、キャッシュフローの構造が同じ債券は同じものとして扱います。したがって以下の観点で債券を区別して考えます。

① 信用リスクがあるかないか。
② 利払いが固定か変動か。
③ 満期日が固定か期限前償還があるか。
④ 利払いや元本償還が円建てか外貨建てか。

例えば6年前に発行した10年国債は残存期間が4年なので、クーポンの違いを除けば新発の4年国債と同じものとして扱います。信用力が非常に高い発行体の債券は、その発行体が国かそれ以外かによらず無リスク債券として扱いま

す。そして発行体がどの国に属するかによらず、利払いと元本が円建てのものは国内債券とし、外貨建てのものは外国債として扱います。

議論の内容によっては債券に限らず、株式やデリバティブを包括した内容になることがあるのでこれらを総称する場合は証券ということにしますが、文脈によっては金融商品ということもあります。また説明の都合上、株式の例を扱うこともあります。

$$\text{証券（金融商品）}\begin{cases} \text{債券 ［国債、地方債、社債、外国債、仕組債など］} \\ \text{株式} \\ \text{デリバティブ} \end{cases}$$

2.1 債券の種類とそのリスク

国債は国が発行する債券で、そのほとんどは年2回ずつ支払われるクーポンが付き、固定された満期日に元本が全額償還されます。クーポンの額が固定されているものを固定利付国債といいます。図 2.1.1 は 5 年債の例で資金の流れを表したもので、このような資金の流れ（金額、時点、受払）をキャッシュフローといいます。

信用リスクとは一般には取引先の債務不履行リスクのことですが、債券の場

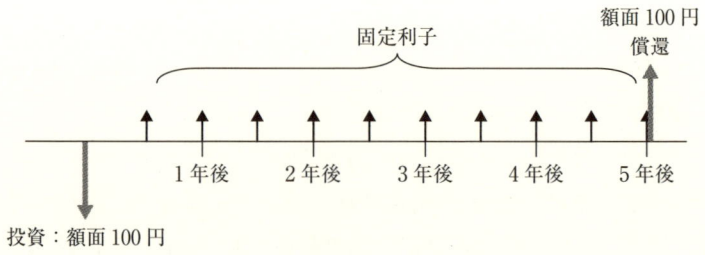

図 2.1.1　5 年国債のキャッシュフロー

合は発行体の債務不履行リスクの意味で考えます。国債は満期の元本償還が国によって保証されていることから信用リスクがないと考えます。国債の価格は市場金利と密接な関係があり、市場金利の変動によって価格が変動します。このように市場金利の変動によって価格が変動するリスクを金利リスクといいます。したがって国債には原則として信用リスクがなく、金利リスクのみがあると考えます。

企業が資金調達のために発行する債券のうち、満期と表面利率が固定されている債券を普通社債といいます。その企業の破綻懸念がまったくなければ、国債と同じ考え方で価格を計算しますが、企業が破綻する可能性はゼロではありません。社債の発行企業の財務が悪化すると、利払いが滞ったり元本償還不能に陥る可能性が高くなり、社債の市場価格は下落します。したがって社債には金利リスクに加え信用リスクが含まれます。図2.1.2は社債のキャッシュフローの例とその信用リスクを表したものです。

株価の変動による証券の価格変動のリスクを株価リスクといいます。例えば転換社債の価格変動は株式ほど大きくないものの、株価の影響を直接受けます。したがって転換社債には普通社債と同じく金利リスクと信用リスクがあり、さらに株価リスクがあることになります。転換社債の構造については5.15節でも簡単に分析します。

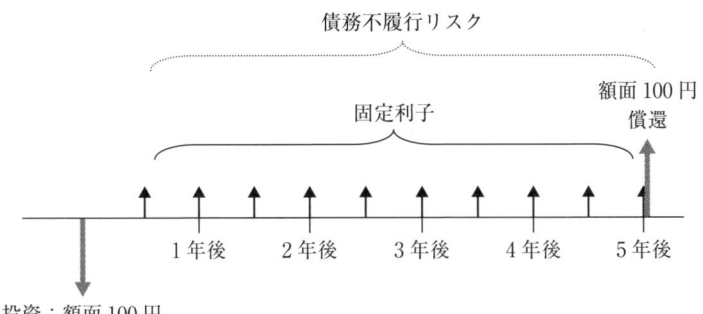

図2.1.2　5年社債のキャッシュフローと債務不履行リスク

クーポンと償還金額が外貨建てのものは、発行体の国籍によらず外国債券として扱います。これには金利リスクがありますが、外貨建てのキャッシュフローを円換算する際に為替レートの影響を受け、為替レートによって債券の価格が変動します。このように為替レートの変動による証券の価格変動リスクを為替リスクといいます。したがって外国債券には金利リスクと為替リスクがあります。図2.1.3は米国国債の例で、キャッシュフローと為替リスクの構造を円ベースで表したものです。外国国債も発行国によっては信用リスクが織り込まれる場合があります。とくに2011年には米国やギリシャ国債などの信用リスクが顕在化し、大きなニュースになりました。

　上で説明したリスクの個々の要因をリスクファクターといいます。これらは信用リスクと市場リスクに分類され、市場リスクとは株、金利、為替変動によるリスクの総称です。表2.1.1は主な債券に含まれるリスクファクターをまとめたものです。

　仕組債のように個別に取引された金融商品は換金性が低いという不利益があり、これは流動性リスクに分類されます。金融商品にはほかにもさまざまなリスクがありますが、この本では市場リスクと信用リスクを扱います。図2.1.4はリスクファクター（原因）とリスクの関係を示したものです。

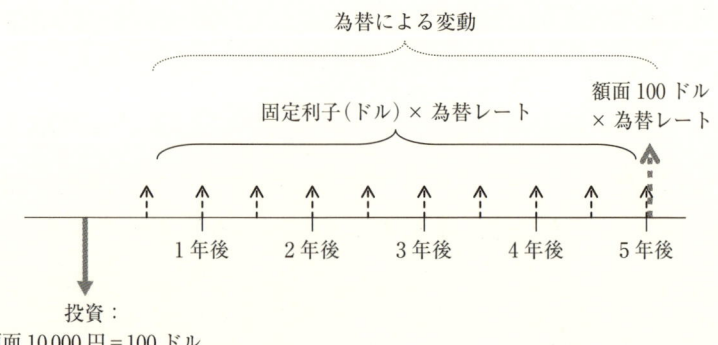

図2.1.3　5年米国国債のキャッシュフロー（円ベース）

表2.1.1 さまざまな債券のリスクファクター

	金利リスク（国内・海外）	為替リスク	株価リスク	信用リスク
国債	○			
国内社債	○			○
外国債券	○	○		○
転換社債	○		○	○

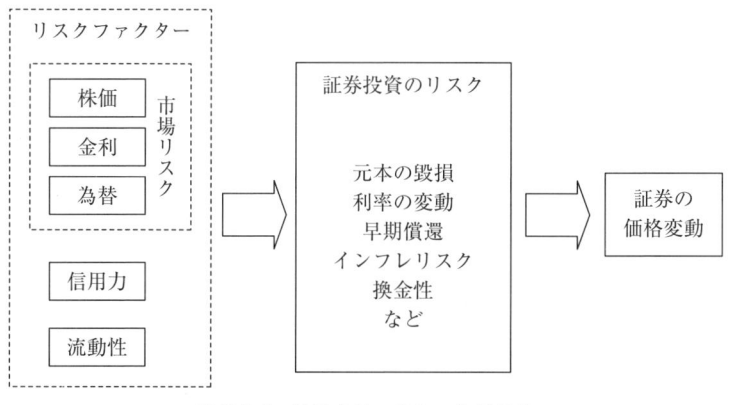

図2.1.4 リスクファクターとリスク

2.2 無リスク金利とリスクリターンの関係

金利の単位には%表示が広く使われていますが、ベーシスポイント（basis point, bp）という単位も使われます。1bpは0.01%です。

次に債券投資の利率と利回りの違いを区別しておきます。利率とは1年間に受け取るクーポンの額面金額あたりの割合です。

$$利率 = \frac{1年間に受け取るクーポン}{額面金額}$$

例えば額面金額100円でクーポンが2円のときの利率は2%で、半年利払いの場合では、1円のクーポンを半年ごとに受け取ります。利回りの正確な定義は3章で説明しますが、この章では投資元本に対するクーポンの割合の意味で話を進めます。したがって利回りは

$$利回り = \frac{1年間に受け取るクーポン}{債券の購入価格}$$

で表すことができ、利率と違って利回りは債券価格の変動によって変わります。図2.2.1に示したように債券が110円に値上がりすると、同じクーポンを得るのに必要な投資元本が増えるので利回りは1.82%に低下し、90円に値下がりするとその逆で利回りは2.22%に上昇します。

　信用リスクのない投資利回りを無リスク金利といいます。国債は元本の償還が国によって保証されていて最も安全な投資であることから、国債の利回りを無リスク金利と考えます。また国債の利回りは経済情勢によって日々変化していますが、この利回りは市場金利の意味を持ちます。

　投資家にとって国債利回りは無リスク金利ですが、金融機関が金融商品や債権債務の時価評価をするときの無リスク金利にはスワップ金利（5.11節で説明）が使われます。スワップ金利には金融機関の信用リスクが織り込まれるため、通常は国債利回りよりやや高めです。しかし、金利スワップでは元本移動がないため、国債の信用力が低下するような局面ではスワップ金利のほうが低いこ

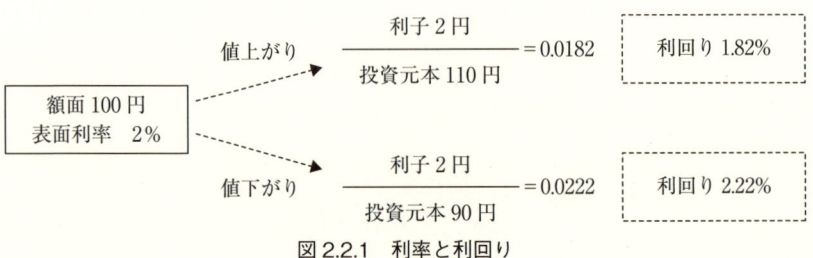

図2.2.1　利率と利回り

ともあります。

例 2.2.1 国債利回りとスワップ金利の関係が逆転するケースは時折みられます。例えば図 2.2.2 は 2010 年 10 月 8 日のスワップ金利と国債利回りを表したものです。このとき、10 年以下の国債利回りはスワップ金利より低くなっていますが、30 年では国債利回りはスワップ金利より高くなっています。超長期の国債利回りがスワップ金利より高い現象は 2009 年以降ときどきみられ、本書を執筆中の 2011 年にも起きています。

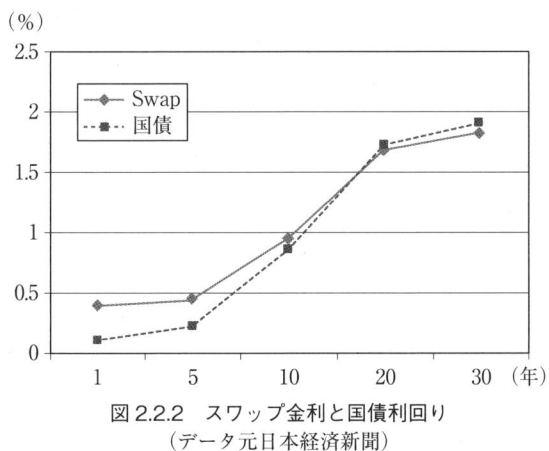

図 2.2.2 スワップ金利と国債利回り
（データ元日本経済新聞）

表 2.2.1 国債と社債の利回りの差

	第 93 回債 中期国債（5 年）	日本電気株式会社 無担保普通社債
発行日	平成 22 年 12 月 20 日	平成 22 年 12 月 2 日
期限	5 年	5 年
表面利率	0.5%	0.649%
利払い日	毎年 6 月 20 日、12 月 20 日	毎年 6 月 2 日、12 月 2 日

民間企業や地方公共体が発行する債券には信用リスクがあります。したがって同じ期間の普通社債と国債を比較すると、社債の利回りの方が高いはずです。例えば表 2.2.1 は 2010 年 12 月に発行された 5 年国債と日本電気株式会社の 5 年社債を比較したものです。発行日に若干の違いはありますが、利率をみると日本電気のほうが約 15bp 高くなっています。これらを額面金額の 100 円で買ったとすると、日本電気債の利回りは国債より 15bp 高いことになります。したがって日本電気の信用リスクがこの差（15bp）に表れていると考えます。

図 2.2.3 は 2010 年 12 月に発行された国債と普通社債の表面利率をグラフに表したものです。どれも期間は 5 年で、日本電気債は国債より利回りが 15bp 高く、日本板硝子債の表面利率は 1.55％で国債より 105bp も高い条件です。この違いは日本板硝子債の信用リスクが日本電気債より大きいと考えることで説明できます。したがってこの図は信用リスクと利回りの関係を表していると考えることができます。

金融商品の信用リスクや市場リスクなどを総合的にみると、「リスクが大きい金融商品ほど利回りが高い」という関係になっていると考えられます。これをリスクリターンの関係といいます。

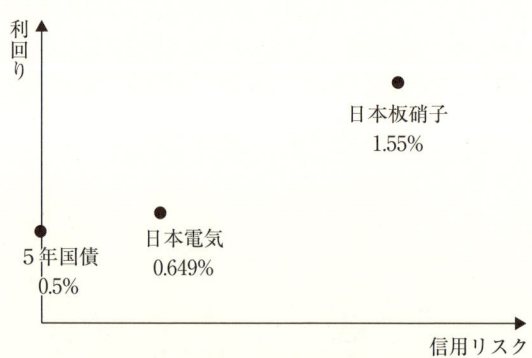

図 2.2.3　信用リスクと利回りの関係
（2010 年 12 月発行 5 年債）

リスクリターンの関係がどのように形成されるかについて考えてみましょう。A社とB社の社債があり、それぞれの信用リスクと利回りが図2.2.4の関係にあったとします。C社の信用リスクはB社より低いのにその利回りはB社債より高く、図の白丸で表されているとします。このとき、どの社債を買うかと聞けば、考えるまでもなくC社債に人気が集中します。その結果C社債は値上がりするので、利回りは低下します。したがって図2.2.4の2重丸印くらいの利回りで落ち着くはずです。理想的な市場ではこのようなメカニズムによって、整合的なリスクリターンの関係が形成されます。

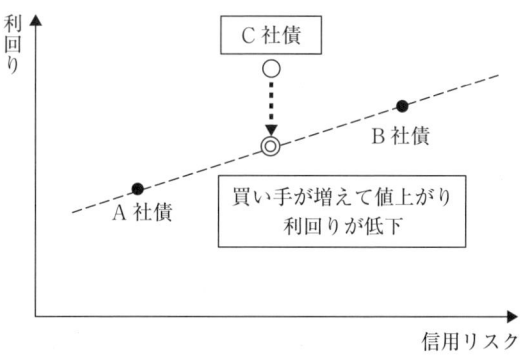

図2.2.4　リスクとリターンの関係の均衡

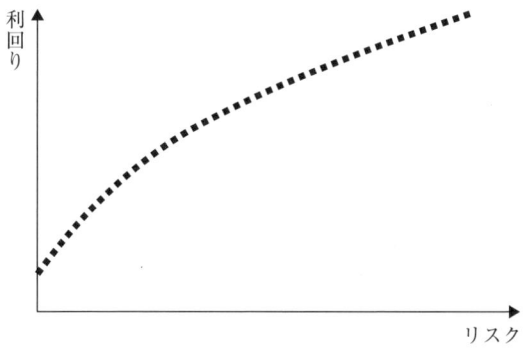

図2.2.5　リスクとリターンの関係

証券にはさまざまなリスクファクターがあるので、証券のリスクを一軸上に並べて大小を比較することは不可能です。仮にそれができるとしてリスクと利回りの関係をグラフに表すと、図2.2.5のような右肩上がりの曲線ができると考えられます。リスクの高いものにはより高いリターンが求められるからです。

2.3　無裁定の原理

　ある町に2つの両替店A、Bがあり、A店では1ドル100円、B店では1ドル105円のレートで両替えしているとします。簡単のため手数料は無視します。この状況では何が起きるでしょうか。まずどこかの銀行から100円を借りてA店で1ドルに交換し、その1ドルをB店で円転すれば105円になります。借りた100円をその日のうちに返せば元手なしで確実に5円儲けることができます。図2.3.1はこの取引を示したものです。
　このように元手なしで確実に利益が得られる取引を裁定取引といい、それが可能な状況を裁定機会といいます。元手なしで確実に儲かる話があれば、さらに多額の借金をしていくらでも儲けることができるので、そんなうまい話はありません。金融工学では「市場には裁定機会がない」と考え、これを無裁定の原理といいます。
　この無裁定の原理の下では、株価のように不確実に価格が変動する証券の値動きを予想できないということを示すことができます。仮にC社の株価が現在100円で、次の日には確実に110円に上がると予測できるとしましょう。この予測が正しければ銀行から100円を借りてC社株を買い、翌日に110円で売れば10円の差益を得ます。簡単のため1日分の金利を0.1円とすると返済額は100.1円です。元手なしで確実に9.9円を儲けることができるのは裁定機会です。逆に、値下がりを予測できれば空売りで利益を得ることができるの

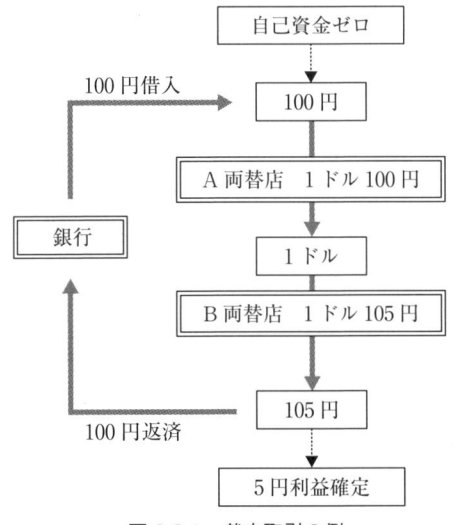

図 2.3.1　裁定取引の例

で、これも裁定機会です。したがって「価格が不確実に変動する証券の価格を予測できるなら、裁定機会がある」ことになります。

　この命題の対偶をとると、「無裁定条件の下では、証券の将来の価格を予測することは不可能」であることがわかります。これは無裁定の原理から導かれる命題であって、実際に予想できるかどうかは別の問題です。金融工学は金融リスク管理のための理論体系なので現実と若干違うこともありますが、無裁定の原理は金融商品の市場価格を決める際に重要な役割を果たしています。また上の説明の例外として無リスク債券があり、満期日に必ず額面金額に等しい価格になることは明らかです。

第3章
債券の金利リスク

3.1 現在価値と割引率

　金融商品の理論価格は、将来のキャッシュフローを現在価値に換算する考え方に基づいて計算します。その換算には割引率という概念を使います。例えば5%の金利で現金9,523万8,095円を預金すると、1年後には

$$95\,238\,095 \times 1.05 = 100\,000\,000$$

の計算によって1億円に増えます。このことから現在の9,523万8,095円は1年後の1億円と同じ価値と考えることができます。言い換えると1年後の1億円の現在価値は9,523万8,095円です。
　割引率とは将来のお金を現在価値に換算する比率のことです。上の例では1億円の現在価値を9,523万8,095円とみているので、その換算比率（割引率）は0.95238095です。図3.1.1は現在価値と割引率の関係を表したものです。
　単利金利の場合、元本は1＋期間×金利の割合で増えるので、割引率はその逆数によって

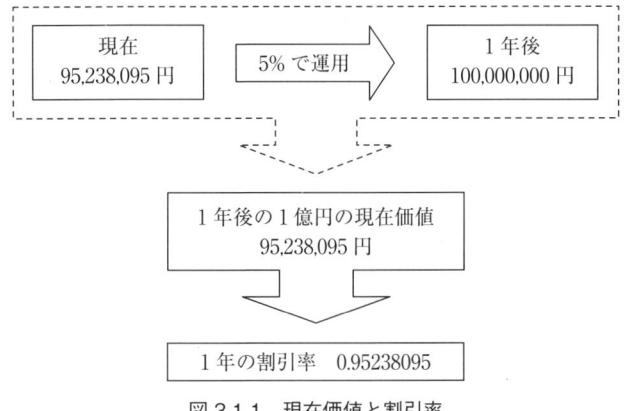

図 3.1.1 現在価値と割引率

$$割引率 = 1/(1 + 期間 \times 金利) \tag{3.1}$$

で表されます。したがって期間が長く金利が高いほど割引率は小さくなります。

1年程度までの割引率は単利でも計算できますが、数年先の長い期間の割引率は複利で計算するのが一般的です。1年利払いで複利の場合は N 年で元本が $(1+金利)^N$ に増えます。半年利払いで複利の場合、実務では各利払日の間の実日数を使って期間を ¦実日数/365¦ としますが、本書では簡単のため半年を 0.5 として扱います。したがって1回あたりに受け取る利息が $0.5 \times 金利$ です。利息と元金を合わせて $2N$ 回再投資できるので、元金は N 年で

$$(1 + 0.5 \times 金利)^{2N} \tag{3.2}$$

に増えます。この場合の割引率は上の逆数として次で求められます。

$$割引率 = (1 + 0.5 \times 金利)^{-2N} \tag{3.3}$$

3.2 債券の利回り

債券は日々市場で取引されていて、その価格は額面金額と一致しないのが普通です。額面金額はあくまでも満期日に償還される金額にすぎず、その債券の価値は市場環境や需給などによって決まるからです。価格が額面金額に等しいときはパーといい、ゴルフのパーと同じ意味です。価格が額面金額を下回るときはアンダーパー、上回るときはオーバーパーといいます。

債券の投資利回りはいくつかの計算方法がありますが、単利で利回りを測る方法が広く使われているのでまず単利の利回りを説明します。額面金額100円で、残存期間5年、クーポンが2円で価格が95円のアンダーパー債券の例を考えます。この場合は95円の投資で2円のクーポン収入があるので、利回りを

$$\text{利回り} = \text{クーポン} \div \text{購入価格} = 2 \div 95 = 0.0211$$

で考える方法があり、このときの利回りは2.11%です。前節で定義した利回りはこれと同じで、直接利回り(直利)と呼ばれます。

$$\text{直接利回り} = \frac{\text{クーポン}}{\text{購入価格}} \times 100 \quad (\%)$$

債券を満期まで保有する場合は、購入価格と額面金額の差が償還差損益になります。したがってこの損益を利回りに含める考え方もあります。上の例の債券は95円で購入して、5年後に100円で償還されるので5円の償還差損益を得ます。これを1年あたり1円の収益と考え、1年分のクーポン2円にこの1円を足すと、1年あたり3円の収益です。これは95円の投資によって得られるので、利回りを

$$\text{利回り} = \frac{\text{クーポン} + 1\text{年あたりの償還差損益}}{\text{購入価格}} = \frac{2+1}{95} = 0.0316$$

で考えると3.16%です。これは単利の最終利回りと呼ばれ、1年あたりの平均的な償還差損益とクーポンの和を購入価格で割ったものとして定義されます。一般的な形で書くと最終利回りは次式で表されます。

$$\text{最終利回り} = \frac{\text{クーポン} + (\text{額面金額} - \text{購入価格})/\text{残存年数}}{\text{購入価格}} \tag{3.4}$$

満期まで保有しないで途中で売却した場合の利回りは、所有期間利回りという尺度を使います。これは単利最終利回りの式に、売却によって実現した数値を入れたものです。したがって上式の額面金額に売却価格、残存年数に所有期間（年）を代入し、次式で計算します。

$$\text{所有期間利回り} = \frac{\text{クーポン} + (\text{売却価格} - \text{購入価格})/\text{所有期間}}{\text{購入価格}}$$

単利での利回り計算は簡単なので、債券投資の尺度として広く使われていますが、この方法では金融工学的なリスク管理の議論に発展させるには限界があります。そこで複利の利回り計算を次節で説明します。

3.3　市場金利と債券の価格

　無リスク債券の理論価格はそのキャッシュフローの現在価値の総和です。具体的には債券の各キャッシュフローが発生する時刻までの割引率を計算し、個々のキャッシュフローの現在価値を計算します。そして全キャッシュフローの現在価値を合算したものが債券の理論価格です。

債券の理論価格＝キャッシュフローの現在価値の総和

例えば額面価格 100 円の 5 年債券でクーポン 1 円の債券を考えると、半年ごとに 0.5 円のクーポンを受け取り、5 年後に額面の 100 円と 0.5 円のクーポンを受け取ります。このキャッシュフローは図 2.1.1 のように表され、キャッシュフローの現在価値の和が債券の価格です。次式と図 3.3.1 はこの考え方を表したものです。

債券の価格＝総和{キャッシュフロー×割引率}　　　(3.5)

割引率を計算するためには金利の値が必要です。まず 5 年の市場金利 r がわかっているものとしましょう。その金利で、各利払い日の割引率を求めます。1 回目（半年後）の利払い日の割引率 D_1 は (3.1) 式より

$$D_1 = 1/(1+0.5 \times r)$$

です。2 回目（1 年後）の利払い日の割引率 D_2 は (3.3) 式より $D_2 = 1/(1+0.5 \times$

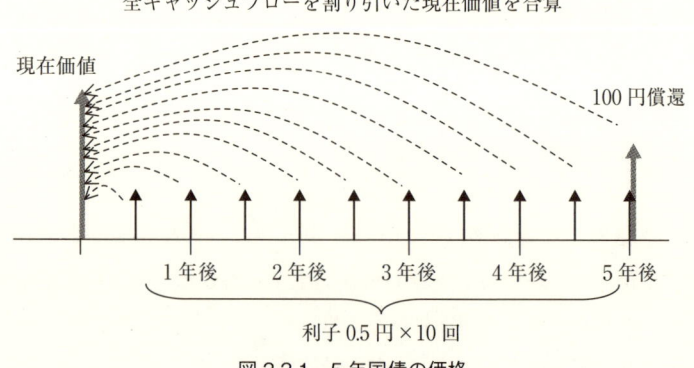

図 3.3.1　5 年国債の価格

$r)^2$ です。繰り返すと n 回目の利払い日の割引率 D_n は $D_n = 1/(1+0.5 \times r)^n$ です。満期日の5年後は $n=10$ なので割引率 D_{10} は $D_{10}=1/(1+0.5 \times r)^{10}$ で与えられます。(3.5) 式に従い、各キャッシュフローに割引率を掛けて現在価値を求めれば、その総和が債券の理論価格です。9回目までのキャッシュフローは 0.5 円で、10回目のキャッシュフローは元本が戻るので 100.5 円です。したがって5年債券の価格は

$$
\begin{aligned}
\text{理論価格} &= 0.5 D_1 + 0.5 D_2 + \cdots + 0.5 D_9 + 100.5 D_{10} \\
&= \frac{0.5}{1+0.5r} + \frac{0.5}{(1+0.5r)^2} + \cdots + \frac{0.5}{(1+0.5r)^9} + \frac{100.5}{(1+0.5r)^{10}}
\end{aligned} \quad (3.6)
$$

で求められます。

一般的に額面金額が 100 円、クーポンが C 円（年2回払い）の期間 N 年の債券の価格は次のようになります。

$$
\begin{aligned}
\text{債券の理論価格} &= \frac{C/2}{(1+0.5r)} + \frac{C/2}{(1+0.5r)^2} + \cdots + \frac{C/2}{(1+0.5r)^{2N-1}} \\
&\quad + \frac{100+C/2}{(1+0.5r)^{2N}}
\end{aligned} \quad (3.7)
$$

これが金利と価格の関係式です。理論価格が市場価格に等しくなるときの金利を複利の最終利回りといい、購入時から満期までの収益性をみる尺度のひとつです。金融工学では無リスク債券の複利最終利回りを市場金利と考え、さまざまな金融商品の価格やリスクを評価するための金利として議論を展開します。

特に満期日が半年後の場合は $N=0.5$ を (3.7) 式に代入すると

$$債券の理論価格 = \frac{100 + C/2}{1 + 0.5r}$$

が成り立ちます。これを r について解くと、

$$r = \frac{C/2 + (100 - 債券理論価格)}{0.5 \times 債券理論価格} = \frac{C + (100 - 債券理論価格) \times 2}{債券理論価格}$$

が成立します。|債券理論価格＝購入価格|と考えると、(3.4)式から上は単利の最終利回りに等しいことがわかります。つまり、半年後に満期がある債券の場合、複利最終利回りは単利の最終利回りと一致します。また複利の最終利回りが表面利率に等しいとき、債券の価格は 100 円（パー）になることが知られています。その証明は付録の 7.3 節に示しておきます。

　債券の取引は発行市場と流通市場で行われます。発行市場とは新規に発行される債券（新発債）を投資家が買う市場のことで、流通市場は投資家がすでに保有している債券（既発債）の売買が行われる市場です。流通市場では国債は利回りで取引され、その利回りから債券価格を計算して受渡しをします。この計算には単利の利回りが使われていますが、以下では国債の複利最終利回りを市場の無リスク金利と考えます。その理由は、投資家にとって国債が最も信用リスクのない投資であることと、国債の流通市場の規模が大きいことからその利回りが金利の指標とされるからです。また残存 N 年の国債の利回りを期間 N 年の無リスク金利とします。

　(3.7) 式は、半年後から利払いが行われる債券の価格を表しているので、理想的な条件での価格式です。既発債の取引では、利払い日と利払い日の中間の日に取引される場合が普通なので、経過利子の計算を行います。経過利子とは債券を保有していた期間に相当する利息のことで、債券を売った人が買った人からこの経過利子を受け取ることができます。

経過利子＝最後の利払い日の翌日から受渡日までの期間相当の利息

例えば額面金額 100 円でクーポン 2%の債券を買い、ある年の 5 月 31 日（利払い日）にクーポンを受け取り、その後売却して受渡日が 7 月 31 日とします。この債券を 11 月 30 日まで持っていれば 1 円のクーポンを受け取れるはずなので、2 カ月分相当の利息を得る権利があります。概算するとこの場合の経過利子は 2 円×61 日÷365 日＝0.33 の計算によって 33 銭です。

債券の売買価格は単利の利回りから計算されたものを意味し、それに経過利子を加えた額で受渡代金を決めます（この詳細については〔2〕などを参照願います）。実際には税金なども考慮しますが、簡単のため本書では経過利子を考えず、半年後から利払いが始まる債券の場合で議論を進めます。

3.4　債券の価格変動と金利リスク

金融商品によってはリスクファクターが複数あります。例えば外国債券のリスクファクターは為替と金利です。それぞれのリスクファクターの変化に対する金融商品の価格変化の大きさのことを価格感応度といいます。あるリスクファクターについての価格感応度を計算する場合、他のリスクファクターは変化しないものとします。

図 3.4.1 は金利が変化した場合の債券価格の変化の様子を模擬的に表したもので、細線が残存 1 年の国債で、太線は 10 年の国債の価格とします。この結果、同じ金利変化でも 10 年国債の方が価格の変化が大きいことから、10 年国債のほうがリスクが大きいといえます。このことから価格感応度はリスクの大きさを表しているといえます。とくに金利を変化させたときの価格感応度を金利感応度といいます。為替や株価を変化させたときの価格変化をそれぞれ為替感応度、株価感応度といいます。

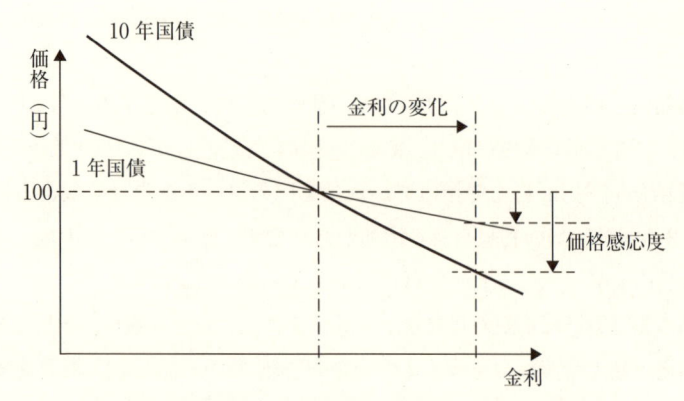

図3.4.1 1年国債と10年国債の金利変化に対する価格変化

国内債券の価格は市場金利から計算できるので、次の例のように金利を変えたときの価格変化をみれば金利感応度がわかります。

例 3.4.1 3.3節の例の5年国債（表面利率1%）を購入し、その直後に市場金利が1%から2%に上昇したとしましょう。この場合は2%の金利で割引率を計算し、すべてのキャッシュフローの現在価値を求めれば、その総和が金利上昇後の国債の価格です。この価格変化が金利上昇1%あたりの金利感応度です。実際の計算は（3.6）式を思い出し、

$$5年国債の価格 = \frac{0.5}{(1+0.5r)} + \frac{0.5}{(1+0.5r)^2} + \cdots + \frac{0.5}{(1+0.5r)^9} + \frac{100.5}{(1+0.5r)^{10}}$$

(3.8)

の金利 r に $r=0.02$ を代入して計算してみると、価格は95円26銭です。金利が1%のときの価格は100円なので、金利1%の上昇に対して4円74銭値下がりすることになります。

一般的にクーポン C 円、期間 N 年の債券の価格は（3.7）式を再び書くと次式で表されます。

$$債券の価格 = \frac{C/2}{(1+0.5r)} + \frac{C/2}{(1+0.5r)^2} + \cdots + \frac{C/2}{(1+0.5r)^{2N-1}} + \frac{100+C/2}{(1+0.5r)^{2N}} \tag{3.9}$$

この式で市場金利 r を変化させたときの価格の変化が金利感応度です。価格評価はリスク管理の第一歩という話を1.2節でしましたが、実際に金利が2%に上昇しなくても、(3.9) 式の計算によって金利変化後の価格がわかるところがリスク管理に役立つわけです。図3.4.2は、この考え方を示したものです。

金利感応度の表し方は変化させる金利の大きさによって異なり、金利1bpの変化に対する価格変化をBPV（ベーシス・ポイント・バリュー、ビーピーヴィ）で表し、金利10bpの変化に対する債券の価格変化は10BPVで表します。実務では10BPVがよく使われているようですが、本書ではBPVを使います。

上の例では金利1%の上昇に対して額面100円につき4円74銭値下がりしました。BPVはその100分の1の4.74銭になるかというと微妙に違います。金利と価格の関係式 (3.8) には金利 r が分母に表れており、r の1次式になっていないからです。実際に計算してみると金利1%のときに、金利1bpの上昇に対する価格変化は -4.86 銭で、これが上の例の5年債の額面100円あたりのBPVです。この債券を額面金額で100万円持っていれば、そのBPVは

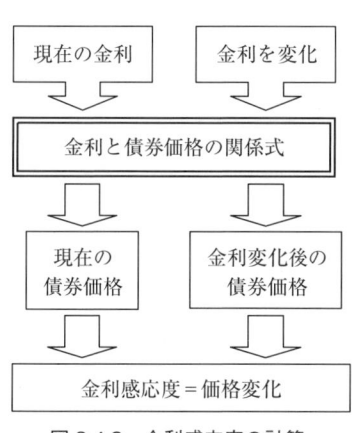

図3.4.2 金利感応度の計算

−486円です。

次に価格感応度の性質について考えます。まず残存5年の債券と10年の債券を持っていたとしましょう。経験的に5年と10年の金利はほぼ同じように変動することが知られています。5年と10年の金利が同じように1bp変化すると仮定すれば、どちらの債券の価格変動が大きいかはBPVを比較すればよいことになります。

ここでは国債の例で説明しましたが、一般の証券でも金利感応度を次で定義できます。

$$\text{BPV} = 金利1bp上昇時の証券理論価格の変化$$

ポートフォリオの場合は各商品の保有額あたりのBPVを合算すればポートフォリオ全体のBPVを計算できます。これは為替感応度や株価感応度についても同じです。

3.5 債券価格の簡易近似

債券の価格やBPVは計算が複雑なので、実務ではコンピュータプログラムで計算しますが、金融商品の価格やリスク値をシステムに頼るだけでなく、おおまかに推定できることは非常に重要なことです。このような観点からここでは債券の価格を簡単に概算する方法を考えます。

市場金利が1％のときに利率1％の10年国債を買ったとしましょう。このときの価格はパーで100円です。その5年後に金利が1％上昇して、2％になったとします。このときに新たに発行される5年国債の利率は2％で、これもパーの100円で買えます。5年前に利率1％の10年国債を買った人はそれを売って利率2％の国債に買い替えたいところですが、残存5年の国債で利率が

1%と2%のものが同じ価格で売買できるはずがありません。その理論価格を概算してみましょう。

利率1%の国債と利率2%の国債のキャッシュフローの差は図3.5.1のように表されます。このクーポンの差の現在価値が価格差になるはずです。

利率1%の国債の価格＋受取クーポンの差の現在価値＝利率2%の国債の価格

割引率は1以下の正の値ですが、これを約1として近似すると、受取クーポンの差は5円なのでその現在価値は約5円です。したがって

利率1%の国債の価格＋5≈利率2%の国債の価格＝100
利率1%の国債の価格≈100−5

の計算から利率1%の国債の価格は約95円と推定できます。正確には前節の価格式（3.8）に市場金利2%を代入して計算すると95.26円なので、95円という推定は簡単な計算の割によい近似といえます。

つまり、無リスク債券の価格は額面金額から、市場金利と表面利率の差の満期までの受取損（得）を差し引いた（足した）価格として近似できます。

$$債券の価格 \approx 100 + \{(表面利率 - 市場金利) \times 残存年数 \times 100\} \quad (3.10)$$

0.5円×10回＝5円の差

図3.5.1 利率1%の国債と利率2%の国債のキャッシュフローの差

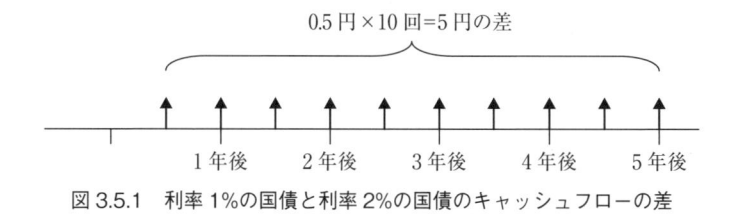

この式は市場金利についている符号がマイナスなので、市場金利が上がると債券の価格が下がることがわかります。また残存年数が長いほど価格変化が大きいこともわかります。この近似は金利変化によって債券価格が変化するメカニズムを端的に表しています。

3.6 債券の金利リスクの近似：BPV

BPV も前節と同じ考え方で概算できるので、これを利率 1% の 5 年債券の例で説明します。金利が 1bp 上昇すると 5 年債のクーポンの受取損は 1 年あたり 1bp なので、5 年で 5bp の受取損です。これは額面金額 100 円あたり 5 銭の受取損なので債券価格は約 5 銭下がります。したがって 5 年債の BPV は 100 円あたり約 −5 銭と見積もることができます。3.4 節での BPV の計算結果によると、市場金利が 1% のときこの債券の BPV は −4.86 銭でした。この考え方で BPV を近似できるわけです。

(3.10) 式を思い出すと

$$債券の価格 \approx 100 + \{(表面利率 - 市場金利) \times 残存年数 \times 100\}$$

です。この式から、市場金利の変化による債券価格の変化は額面 100 円あたり

$$債券価格の変化 \approx -市場金利の変化 \times 残存年数 \times 100$$

です。金利変化 1% あたりでは

$$債券価格の変化(金利上昇 1\% あたり) \approx -0.01 \times 残存年数 \times 100$$
$$= -残存年数 \quad (円) \quad (3.11)$$

となります。金利変化を 1bp としたときの金利感応度（BPV）は

$$債券の BPV \approx -0.0001 \times 残存年数 \times 100$$
$$= -残存年数/100 = -残存年数 \quad (銭) \qquad (3.12)$$

です。この近似式のマイナス符号を無視すると、額面金額 100 円あたりの BPV は残存年数（銭）とほぼ同じです。例えば残存 5 年と 10 年の国債の BPV は 100 円あたりそれぞれ約 -5 銭と約 -10 銭です。

表 3.6.1 は額面金額 100 円、利率 1、2、3% の無リスク債券について、市場金利 2% の条件で BPV を計算したもので、上の方法による近似値も併記しました。この結果をみると残存年数が短いときには比較的良い近似になっており、残存年数が長くなると乖離が大きくなります。また BPV は利率が高いほど大きく、このような微妙な違いは上の近似では現れないので注意が必要です。BPV の性質をまとめると次のようになります。

・残存年数が短いとき、額面 100 円あたりの BPV はおよそ $|-残存年数/100|$ である。
・同じ残存年数のとき、利率が高いほど BPV は絶対値でみて大きい。

表 3.6.1　債券の BPV
（額面 100 円あたり、単位銭、金利 2% フラット、半年複利）

残存（年）	利率 1%	利率 2%	利率 3%	近似
1	-0.978	-0.985	-0.992	-1
2	-1.93	-1.95	-1.97	-2
5	-4.61	-4.73	-4.86	-5
10	-8.6	-9.0	-9.5	-10
15	-12.0	-12.9	-13.8	-15
20	-14.8	-16.4	-18.0	-20

3.7 債券のデュレーションと金利感応度

金利感応度にはデュレーション（Duration）という尺度もあります。デュレーションの本来の意味は債券の投資資金の平均回収期間のことです。図3.7.1のように債券の受取キャッシュフローを加重平均して1本のキャッシュフローにまとめた場合、そのキャッシュフローまでの期間がデュレーションです。

図3.7.1の上と下の図はそれぞれは利率が1%と5%の5年債券のキャッシュフローで、この図は利率5%の債券のほうが早目に投資元本を回収していることを表しています。したがってデュレーションは同じ残存年数なら利率が高いものほど短くなります。

図3.7.2のように、ゼロクーポン債は満期に元本が返ってくるだけのキャッシュフローなので、そのデュレーションは残存期間に等しくなります。例えば

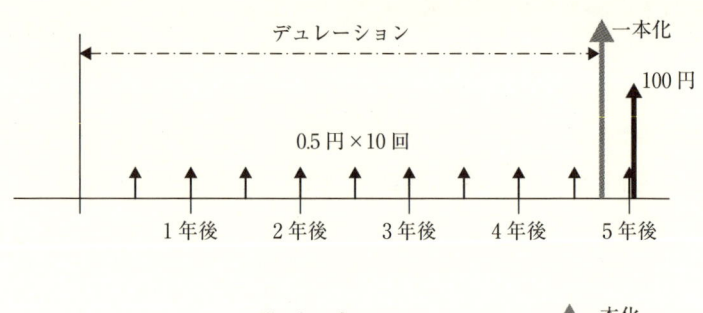

図3.7.1　5年債のデュレーションの比較
利率が高いほど元本の回収期間が短くなる

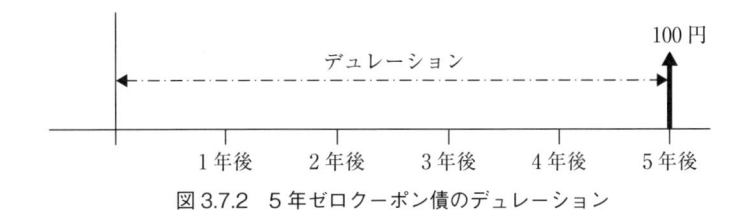

図3.7.2 5年ゼロクーポン債のデュレーション

残存5年のゼロクーポン債のデュレーションは5年です。同じ5年債でもクーポンのあるものは、クーポンによって投資元本の一部を回収していることになるので、同じ残存年数のゼロクーポン債よりもデュレーションは短くなります。したがって次の関係が成り立ちます。

固定利付債券のデュレーション＜残存年数

デュレーションは債券の各キャッシュフローの現在価値にそのキャッシュフローまでの期間（年）をかけて、債券の価格（時価）で割ったものとして計算されます。

$$デュレーション = \frac{総和\{キャッシュフロー \times 割引率 \times キャッシュフローまでの期間\}}{債券の価値}$$

デュレーションにはいくつかの種類があり、上の定義はマコーレーデュレーションです。具体的なデュレーションの計算式は付録7.4節に示しておきます。表3.7.1は金利を2%として、利率1%、2%、3%の債券のデュレーションを計算したものです。これによると同じ利率の債券では残存年数が長いほどデュレーションが長くなります。また、同じ残存年数のときには利率が高いほうがデュレーションが短くなり、BPVとは逆の性状を示します。以下にデュレーションの性質をまとめておきます。

表 3.7.1　債券のデュレーション
(単位年、金利2%フラット、半年複利)

残存（年）	利率1%	利率2%	利率3%
2	1.98	1.97	1.96
5	4.89	4.78	4.69
10	9.5	9.1	8.8
15	13.9	13.0	12.4
20	18.0	16.6	15.6

・デュレーションは残存年数より短い
・同じ残存年数のときは、利率が高いほうがデュレーションは短い。
・同じ利率のときは、残存年数が長いほどデュレーションは長い。

　平均回収期間を意味するデュレーションがなぜ金利感応度の意味をもつのでしょうか。それを考えるには修正デュレーションの概念を使うとわかりやすくなります。これは金利変化に対する債券価格変化率のことで、次式で定義されます。

$$修正デュレーション = -\frac{債券の金利感応度}{債券価格} \qquad (3.13)$$

金利感応度はマイナスなので、修正デュレーションをプラスの値で評価するために右辺にはマイナス符号がついています。この定義から修正デュレーションが金利感応度の指標そのものであることがわかります。
　半年利払いの債券では、修正デュレーションとデュレーションに次式の関係が成り立つことが知られています。

$$修正デュレーション = \frac{デュレーション}{1 + 0.5 \times 金利} \qquad (3.14)$$

この関係式は結果だけ知っていれば十分なので、証明は付録7.4節に示してお

きます。本によっては (3.14) 式の右辺分母の 0.5 がついていないものがありますが、それは 1 年利払いの債券の場合です。その違いについても付録 7.4 節で説明しておきます。

(3.14) 式に (3.13) の関係を組み合わせると、次を得ます。

$$-\frac{債券の金利感応度}{債券価格} = 修正デュレーション = \frac{デュレーション}{1+0.5\times 金利} \qquad (3.15)$$

両端の辺の関係を書きなおすと次式を得ます。

$$デュレーション = -\frac{(1+0.5\times 金利)\times 債券の金利感応度}{債券価格} \qquad (3.16)$$

この式の右辺から、デュレーションが金利感応度の意味をもつことがわかります。

とくに債券価格（時価）が 100 円のとき、金利上昇 1bp あたりの価格変化は (3.15) の左側の等式から、

$$\begin{aligned}債券の価格変化 &= 0.0001\times 金利感応度 \\ &= -0.0001\times 修正デュレーション \times 100 \quad （円）\\ &= -修正デュレーション \quad （銭）\end{aligned}$$

が成立します。ここで上の左辺は額面 100 円あたりの BPV を意味しています。したがって価格が 100 円の債券の修正デュレーションが 5 年なら、その債券の 100 円あたりの BPV は 5 銭です。

債券を買った場合、年数経過とともに残存年数は短くなるので、デュレーションも年々短くなり、金利感応度も低下します。債券の金利リスクが保有年数に従って年々低下する性質はこのことから説明できます。債券のポートフォリオにはさまざまな利率と残存年数の債券が組み合わされています。ポート

フォリオのデュレーションは個々の債券のデュレーションの加重平均です。これはポートフォリオ全体の平均回収期間と金利感応度の意味をもつので、ポートフォリオのリスク量を測る意味でも重要な指標です。ポートフォリオのリスクを圧縮したい場合は、残存の長い債券を短い債券に入れ替えることによって、ポートフォリオのデュレーションを短くできます。ポートフォリオを組み替える前と後のデュレーションを比較すれば、組み替えの効果を確認することができます。

3.8 イールドカーブの形状とその変化

同じ利率の債券なら残存年数が長いほうがデュレーションが長く、同時にBPVも大きく、金利リスクは大きくなります。したがって残存年数と利回りの関係はリスクとリターンの関係を表しているといえます。残存年数と利回りの関係は金利の期間構造と呼ばれ、市場参加者の将来の金利観の表れとみられます。

図3.8.1のように、ある日の国債の残存年数と利回りの関係をグラフにプ

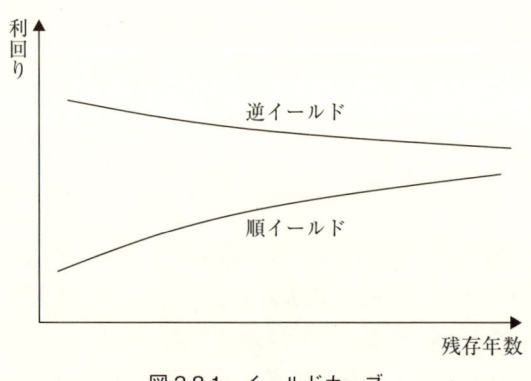

図3.8.1　イールドカーブ

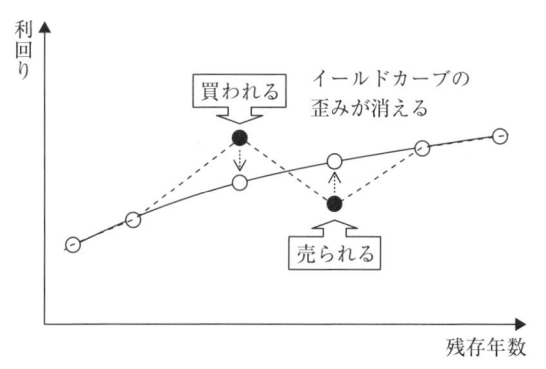

図 3.8.2　イールドカーブの歪みの解消

ロットし、それらを線でつないだ曲線を利回り曲線（金利曲線）あるいはイールドカーブといい、金利の期間構造を視覚的に表しています。例えば、2.2 節の図 2.2.2 はスワップ金利と国債利回りのイールドカーブを表しています。通常はイールドカーブは右上がりで、これを順イールドといいます。景気の下降局面では将来の金利低下が予想されることからイールドカーブが右下がりになる場合があり、これは逆イールドと呼ばれます。

図 3.8.2 の黒丸のように、イールドカーブに明らかな歪みがあると、利回りのよい債券が買われて値上がりするので利回りが低下し、逆に利回りの低い債券が売られてその利回りは上昇します。その結果双方の債券の利回りは白丸のところに落ち着き、イールドカーブが滑らかになると考えられます。これは 2.2 節のリスクリターンの関係図 2.2.4 のときと同じ現象です。このようなメカニズムによって、イールドカーブはつねに滑らかな形状を保つことになります。

イールドカーブの形状を説明する仮説としてよく知られているものには、流動性選好仮説、純粋期待仮説、市場分断仮説などがあり、これらについて簡単に説明します。

流動性選好仮説

　3.6節と3.7節で、債券の金利リスクをBPVやデュレーションで測ると、残存年数の長い債券ほど金利リスクが大きいことを説明しました。これは長期債と短期債を買った場合、途中で換金したいときに長期債のほうが値下がり損が出やすいことを意味するので、長期債のほうが流動性が低いことになります。投資家は流動性の高い短期債を選好するので、長期債の利回りは流動性リスクにみあう上乗せ金利分だけ高くなります。この結果順イールドになると考えるのが流動性選好仮説で、これはリスクリターンの関係の例と考えることもできます。

純粋期待仮説

　流動性選好仮説は逆イールドになる現象を説明することができません。純粋期待仮説はイールドカーブには市場参加者の将来の金利観が表れているものと考えるもので、これについてはフォワードレートの概念が必要なので、5.10節で説明します。

市場分断仮説

　債券投資家の中で、損保や銀行は短期から中期債を中心に運用し、生保は主に長期債に投資していると考えられます。このように短期と長期では市場参加者が異なり、それぞれの資金需要によって短期金利と長期金利が独立に決定されると考えるのが市場分断仮説です。

　イールドカーブの変化にはいくつかのパターンがあります。ここでは残存3年までの期間を短期、3〜7年と7〜10年の期間をそれぞれ中期、長期ということにします。イールドカーブが全体的に上昇するときはベア、低下するときはブルといいます。投資資金が債券市場から流出すると金利が上昇し、イールドカーブ全体が上昇します。投資資金の安全志向が強くなると資金は国債市

場に向かうので、イールドカーブ全体が低下します。

　長期金利が上昇し短期金利が低下するとイールドカーブの傾きが急になり、これをスティープ化といいます。これは債券市場の中で長期から短期の債券に資金がシフトしている状況の表れとみられます。逆に長期金利が低下し短期金利が上昇すると、イールドカーブの傾きが緩くなります。これをフラット化といい、資金が短期から長期の債券にシフトしている状況と考えられます。図3.8.3にイールドカーブの変化のいくつかのパターンを示しました。イールドカーブのブル、ベアとスティープ、フラットの組合わせで左側はブルスティープ化とベアスティープ化で、右側はブルフラット化とベアフラット化を表しています。

　イールドカーブの変化を実際に分析すると、図3.8.4のように上下にほぼ均等に変化するケースが多いことが知られています。この変化をパラレルシフト（平行移動）といいます。リスク管理の観点ではこれらの変化を予想するのではなく、これらの変化に対してどのようなリスクがあるかを考えます。例えば保有する債券ポートフォリオが長期ゾーンのものが多い場合、短期金利より長期金利の変動による影響が大きいことになります。短期ゾーンの債券が多い場合はその逆です。イールドカーブの変化に対する債券ポートフォリオのリスク

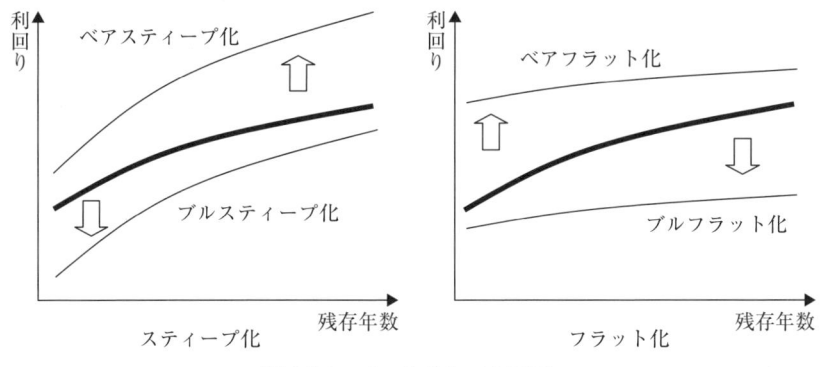

図3.8.3　イールドカーブの変化

図 3.8.4　イールドカーブのパラレルシフト

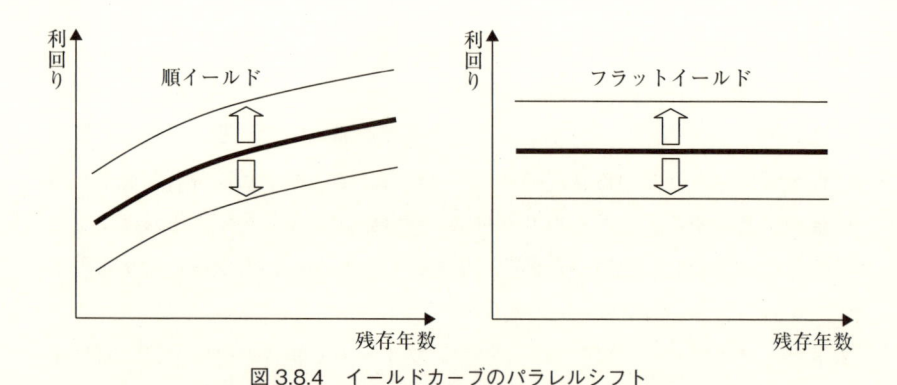

は以下のような方法で評価しますが、詳細は略します。

① イールドカーブのパラレルシフトに対する BPV を測る。
② 複数のイールドカーブの変化パターンに対する時価変動を測る（シナリオ・シミュレーション）。
③ 各期間の金利変動に対する金利感応度（GPS、グリッド・ポイント・センシティビティ）を測る。

　任意のイールドカーブに対して、各期間ごとの割引率を計算すれば債券の価格を導くことができます。したがって債券の価格計算ができれば、上のすべての方法のリスク評価ができます。本書では簡単のため、図 3.8.4 の右の図のようにイールドカーブがフラットでパラレルシフトする条件で考えます。金利変動を分析するときの金利にはフォワードレートが使われる場合がありますが、これについては 5.10 節で説明します。

第4章

債券の為替リスクと信用リスク

4.1 外国債券

　国内で発行されている外国債券には円建てのものと外貨建てのものがあります。市場リスクをみる観点では円建ての外国債券は国内債券と同じ扱いをし、発行体の国籍によらず外貨建ての債券を外国債券として扱います。例えば国内の発行体が海外で外貨建てで発行した債券を国内投資家が買った場合は、外国債券と同じ扱いです。

　以下では信用リスクのない、満期が固定されている固定クーポンの外国債券を考えます。外貨建て債券の価格を計算する方法にはいくつかの考え方がありますが、この節では同じ債券が外国（発行国）にあると考え、それを発行国から買う考え方で計算します。

　例として、現在の為替レートは1ドル100円で、米国5年債の額面金額は100ドル、利率は5%固定で年2回払いの例で考えます。このキャッシュフローを図4.1.1に示しました。この国債を国内の投資家が米国から買う場合の価格を計算してみましょう。米国における米国国債の価格は無リスク債券の価格を求める方法で計算できます。違いは割引率を米国金利から求める点です。(3.6)

固定利子（2.5ドル）　　額面 100 ドル

```
         1年後  2年後  3年後  4年後  5年後
```

投資：
額面 10,000 円 = 100 ドル

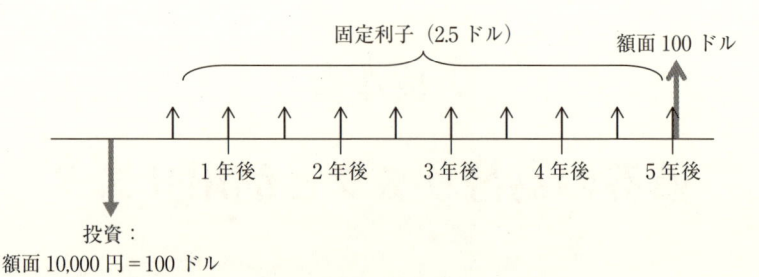

図 4.1.1　米国 5 年国債のキャッシュフロー

式に半年ごとの利子 2.5 ドルを代入し、米国金利を R で表すと価格（ドル）は

$$\text{米国 5 年債の価格} = \frac{2.5}{1+0.5R} + \frac{2.5}{(1+0.5R)^2} + \cdots + \frac{2.5}{(1+0.5R)^9} + \frac{102.5}{(1+0.5R)^{10}}$$

で求められます。一般的には (3.7) 式から、額面金額が 100 ドル、利率が $C\%$ の期間 N 年の米国国債の価格（ドル）は次のようになります。

$$\text{米国国債の価格（ドル）} = \frac{C/2}{(1+0.5R)} + \frac{C/2}{(1+0.5R)^2} + \cdots$$
$$+ \frac{C/2}{(1+0.5R)^{2N-1}} + \frac{100+C/2}{(1+0.5R)^{2N}} \quad (4.1)$$

国内の投資家がドルベースでの価格を直物レートで円換算した価格で米国から買うと、その価格は次の式で表されます。

$$\text{米国国債の価格（円）} = \text{米国での価格（ドル）} \times \text{直物レート} \quad (4.2)$$

図 4.1.2 はこの考え方を表したものです。この価格式は外国債券全般に適用できます。

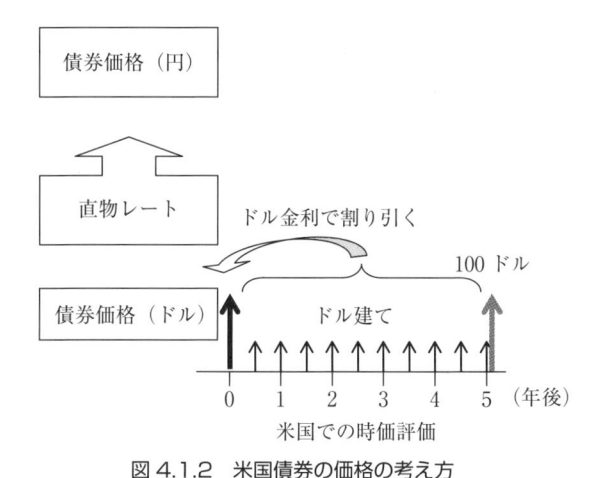

図4.1.2 米国債券の価格の考え方

$$外国債券の価格(円) = 発行国での価格(外貨) \times 直物レート \qquad (4.3)$$

　仕組債には利払いが円建てで元本償還が外貨建て、あるいはその逆といったものがあります。これはデュアルカレンシー債と呼ばれ、どちらかの国の債券とみることができないので (4.3) 式の方法では計算できません。

　(4.3) 式とは別の考え方で、外貨ベースの利子と元本償還を円ベースのキャッシュフローに換算し、それの現在価値を求めるという計算法があります。この方法はデュアルカレンシー債のような債券にも適用できる汎用性のある考え方ですが、先渡レートの概念を使うので、付録の7.6節で説明しておきます。

4.2 外国債券のリスク

信用リスクのない外国債券のリスクファクターには為替リスクと金利リスクがあるので、この中身を具体的に考えます。外国債券の価格は（4.3）式を再び書くと次の通りです。

$$\text{外国債券の価格(円)} = \text{発行国での価格(外貨)} \times \text{為替の直物レート} \quad (4.4)$$

実際には発行国の金利変化が為替レートや円金利に影響することがあります。
　ここでは 3.4 節に述べたようにそれぞれの国の金利や為替レートが互いに影響しないものとして価格感応度を求めます。したがって右辺の「発行国での価格（外貨）」は発行国の金利変動によって変動し、円金利の影響は受けません。
　発行国の金利変動によって現地での債券価格は変動するので、為替レートが一定でも円ベースでの購入価格は変動します。したがって、外国債券には発行国の金利リスクが含まれます。また発行国での価格が一定でも、為替レートが変動すると購入価格は変動します。したがって外国債券には為替リスクと発行国の金利リスクがあり、円金利リスクは含まれません。
　外貨金利が 1bp 変化したときの価格変化は（4.4）式から

$$\text{外国債券の外貨金利 BPV(円)} = \text{発行国での BPV(外貨)} \times \text{直物レート} \quad (4.5)$$

で表されます。発行国での BPV は国債の BPV と同じ方法で計算できます。また BPV に（3.12）式の近似を使うと、米国債の BPV は 100 ドルあたり残存年数 /100（ドル）です。これを円換算すると、100 ドルあたりの米国金利 BPV は次式で近似できます。

$$\text{米国国債のドル金利BPV(円)} \approx -\text{残存年数}/100(\text{ドル}) \times \text{直物レート} \quad (4.6)$$

次に為替感応度を計算しましょう。外貨1単位あたり1円円高のとき直物レートは1円低くなる（例えば1ドル90円が89円になる）ので、(4.4) 式から債券の価格変化は次式で表されます。

$$\text{外国債券の価格変化(円)} = -\text{発行国での価格(外貨)} \times 1\text{円}$$

したがって外国債券の為替感応度は外貨1円円高につき以下で表されます。

$$\text{外国債券の為替感応度}(1\text{円円高}) = -\text{発行国での価格（外貨を円に読み替える）} \quad (4.7)$$

例 4.2.1 額面金額が100ドル、利率は2%固定で年2回払いの米国5年国債を考えます。現在の為替レートは1ドル90円で、米国の市場金利は2%とします。ドルベースでのBPVは表3.6.1から、100ドルあたり−4.73セントです。直物レートは1ドル90円なので、BPVは100ドルあたり−4.73×90＝4.26（円）です。一方 (4.6) の近似式の残存年数に5年を代入すると

$$\text{米国国債のドル金利BPV(円)} \approx -5/100(\text{ドル}) \times 90 = 4.5 \quad (\text{円})$$

であり、近似式でもおよその数値がわかります。

例 4.2.2 上と同じ米国債の例で為替感応度を計算します。利率は2%で市場金利が2%なので、価格は額面と同じ100ドルです。したがって (4.7) 式で100ドルを100円に読み替えると額面100ドルあたりの為替感応度は1円円高あたり−100円ということがわかります。

4.3　社債の利回りと信用リスク

　取引先の債務不履行（デフォルト）によって被る損失のリスクを信用リスク（クレジットリスク）といいます。債券の信用リスクは発行体の信用イベント（破綻やデフォルト）によって利子や元本が受け取れなくなるリスクを意味し、この場合はリスクファクターの意味で使われています。2.2節で述べたように国債の信用リスクはゼロと考えるので、その利回りは無リスク金利です。地方公共体や一般企業が発行する債券は国債にくらべて信用力が低いので、信用リスクがあると考えます。

　金融リスク管理の立場では信用リスクのある債券のリスクをキャッシュフローが実現されるか否かという観点で考えます。したがって発行体によらず信用リスクのある債券を信用リスク債券ということにします。

　債券や発行体の信用力を測る尺度には格付会社が公表する信用格付けがあります。表 4.3.1 は格付投資情報センターとムーディーズジャパンの長期債の格付けの符号と定義の例を表したもので、このうち投資適格とされるのはそれぞれ BBB と Baa 以上です。表の最下段に補足されているように、各格付けの中でもプラスマイナスや1、2、3などの記号が付加され、同じ格付けの中での強弱が表されています。格付けは長期債務以外に発行体そのものの信用力をみる発行体格付けや短期債務の格付けなどがあり、それぞれに記号の使い方が違う場合もあります。

　発行体の信用力が低い（信用リスクが大きい）とそれに見合うリターンが要求され、図 4.3.1 のように信用リスクが大きい債券ほど利回りは高くなります。この利回りと無リスク金利との差を信用スプレッドといいます。

　信用スプレッドを推定するための信用リスクの尺度には、発行体がデフォルトする可能性、つまりデフォルト確率という概念が用いられます。デフォルトという事象は瞬時に起きる現象で、一度起きたら元に戻れない現象です。これ

表 4.3.1　格付符号と定義の例

(長期債務格付け)

格付投資情報センター		ムーディーズジャパン	
AAA	信用力は最も高く、多くの優れた要素がある。	Aaa	信用力が最も高く、信用リスクが最小限であると判断される債務に対する格付け。
AA	信用力は極めて高く、優れた要素がある。	Aa	信用力が高く、信用リスクが極めて低いと判断される債務に対する格付け。
A	信用力は高く、部分的に優れた要素がある。	A	中級の上位で、信用リスクが低いと判断される債務に対する格付け。
BBB	信用力は十分であるが、将来環境が大きく変化する場合、注意すべき要素がある。	Baa	信用リスクが中程度と判断される債務に対する格付け。中位にあり、一定の投機的な要素を含む。
BB	信用力は当面問題ないが、将来環境が変化する場合、十分注意すべき要素がある。	Ba	投機的要素をもち、相当の信用リスクがあると判断される債務に対する格付け。
B	信用力に問題があり、絶えず注意すべき要素がある。	B	投機的であり、信用リスクが高いと判断される債務に対する格付け。
CCC	債務不履行に陥っているか、またはその懸念が強い。債務不履行に陥った債権は回収が十分には見込めない可能性がある。	Caa	安全性が低く、信用リスクが極めて高いと判断される債務に対する格付け。
CC	債務不履行に陥っているか、またはその懸念が極めて強い。債務不履行に陥った債権は回収がある程度しか見込めない。	Ca	非常に投機的であり、デフォルトに陥っているか、あるいはそれに近い状態にあるが、一定の元利の回収が見込めると判断される債務に対する格付け。
C	債務不履行に陥っており、債権の回収もほとんど見込めない。	C	最も格付けが低く、通常、デフォルトに陥っており、元利の回収の見込みも極めて薄い債務に対する格付け。
AA格からCCC格については、上位格に近いものにプラス、下位格に近いものにマイナスの表示をすることがあります。なお、CC格では、契約の内容や回収の可能性などを反映し、長期個別債務格付けを発行体格付けと異なる符号にする場合、プラス、マイナスを付けることがあります。		ムーディーズはAaからCaaまでの格付けに、1、2、3という数字付加記号を加えている。1は、債務が文字格付けのカテゴリーで上位に位置することを示し、2は中位、3は下位にあることを示す。	

引用元：格付投資情報センター、ムーディーズジャパン

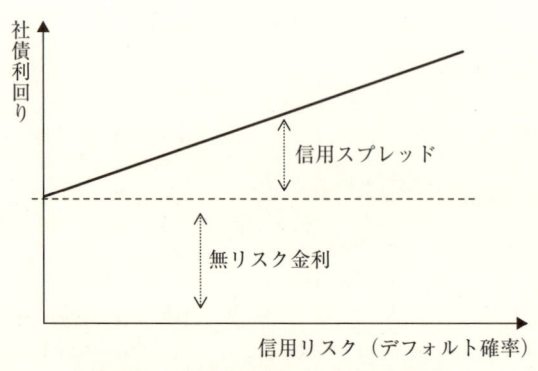

図 4.3.1　社債の信用リスクと利回り

を確率論的に扱うには高度な数学が必要になるので、ここでは、簡単のため生存確率という概念を使って説明します。t 年後に発行体がまだデフォルトしていない確率を生存確率(t) で表します。時刻 t に生存していない確率は時刻 0 から t 年までにデフォルトする確率に等しく、これを累積デフォルト確率といいます。

$$累積デフォルト確率(t) = 1 - 生存確率(t)$$

図 4.3.2 は生存確率と累積デフォルト確率の概念図です。累積デフォルト確率の推定は財務データなどに基づく数理的なモデルや、格付けと過去事例などの関係から求める方法などがあり、多くの研究が行われています。ここでは日本格付研究所が推定した格付け別の累積デフォルト確率を表 4.3.2 に示します。

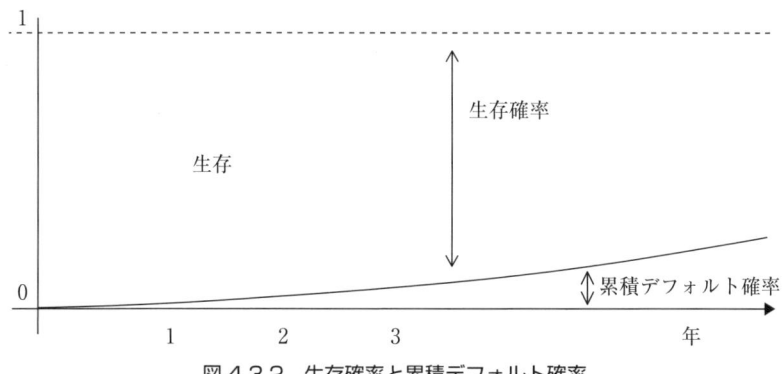

第4章 債券の為替リスクと信用リスク　49

図4.3.2　生存確率と累積デフォルト確率

表4.3.2　個別企業のデフォルト率推定モデルによる推定累積倒産確率

（CDRとは日本格付研究所が推定した格付カテゴリー別累積倒産確率の略）単位（％）

格付記号	1年以内	2年以内	3年以内	4年以内	5年以内
AAA	0	0	0	0.03	0.04
AA	0.13	0.27	0.41	0.49	0.62
A	0.21	0.43	0.67	0.85	1.1
BBB	0.26	0.55	0.86	1.15	1.48
BB	0.31	0.66	1.06	1.44	1.89
B以下	1.26	4.18	6.62	10.03	13.27

（注1）推定CDRの数値は、各格付カテゴリーの平均値を表していますが、サンプル数の少ないカテゴリーについては統計的に試算したものです。
（注2）推定CDRの各格付カテゴリーの数値は、当社格付先についての過去の倒産実績を表すものではありません。また、将来の倒産比率に必ずしも一致するものではありません。
引用元：日本格付研究所（1999年1月19日公表）

4.4 信用スプレッド

債券の回収率とは債券がデフォルトしたときに回収できる資金と投資元本の比のことです。簡単のため本書では回収できる資金と額面金額の比を回収率とします。したがって同じ銘柄の債券なら、購入価格が違っても回収率は等しいとして扱えます。例えば、額面金額100円の社債がデフォルトし、回収できた資金が30円のときの回収率は30%です。回収率は事例ごとに異なりますが、平均が40%でその標準偏差は20%と推定されています[1]。

信用リスク債券の利回りは無リスク金利より高いので、その差を信用スプレッドと呼ぶことにすると、次のように分解できます。

$$\text{信用リスク債券の利回り} = \text{無リスク金利} + \text{信用スプレッド} \quad (4.8)$$

投資利回りと無リスク金利の差は超過リターンと考えることができ、信用スプレッドは信用リスク債券の超過リターンに相当します。信用スプレッドの要因には、信用リスク以外に市場リスクや流動性リスクなどがあると考えられていますが、本書では信用リスクのみを考え、便宜的な方法で信用スプレッドを導きます。

残存1年債券の信用スプレッド

はじめに、残存年数が1年の債券のケースで信用スプレッドとデフォルト確率の関係を説明します。債券の購入価格は額面金額に等しいとします。1年後に起こり得る元本の損失の期待値は、損失の大きさとデフォルトする確率の積で表されます。

$$\text{元本の損失の期待値} = \text{累積デフォルト確率}(1) \times (1 - \text{回収率}) \quad (4.9)$$

第4章 債券の為替リスクと信用リスク

超過リターンの期待値は信用スプレッドとそれを受け取る確率、すなわち生存確率との積で表されます。

$$\text{超過リターンの期待値} = \text{信用スプレッド} \times \text{生存確率}(1) \quad (4.10)$$

この債券に投資する人は元本の損失の可能性に相当する超過リターンを要求できますが、それ以上要求できると無リスクな債券への投資が不利になります。したがって元本の損失と超過リターンはそれぞれが実現する確率を考えて、期待値の意味で均衡すると考えます。

$$\text{元本の損失の期待値} = \text{超過リターンの期待値}$$

この関係式に (4.9) 式と (4.10) を適用すると次が成立します。

$$\text{累積デフォルト確率}(1) \times (1 - \text{回収率}) = \text{信用スプレッド} \times \text{生存確率}(1)$$

これを書きなおすと次式が導かれます。

$$\text{信用スプレッド} = \frac{\text{累積デフォルト確率}(1) \times (1 - \text{回収率})}{\text{生存確率}(1)}$$

生存確率は {1 − 累積デフォルト確率} に等しいのでこれを上式の右辺に代入すると、信用スプレッドは次式で表されます。

$$\text{信用スプレッド} = \frac{\text{累積デフォルト確率}(1) \times (1 - \text{回収率})}{1 - \text{累積デフォルト確率}(1)} \quad (4.11)$$

信用力の高い債券の場合、表 4.3.2 によると 1 年の累積デフォルト確率は 1% 以下なので、

$$1 - 累積デフォルト確率(1) \approx 1$$

と近似すると、信用スプレッドは

$$信用スプレッド \approx 累積デフォルト確率(1) \times (1 - 回収率) \qquad (4.12)$$

で近似できます。この結果は便宜的な考え方から導いたものであり、モデルによって信用スプレッドの評価式は異なります。また累積デフォルト確率と回収率は推定値を使うので理論価格が明瞭ではありません。そして市場で観測される信用スプレッドには信用リスク以外の要因が織り込まれているため、上の理論値とは乖離がみられます。

例 4.4.1 (4.11) 式を使って残存1年の社債で、1年のデフォルト確率が1%、回収率が30%の債券の信用スプレッドを計算します。(4.11) 式にこの債券のデータを代入すると、

$$信用スプレッド = \frac{0.01 \times 0.7}{1 - 0.01} = \frac{0.007}{0.99} = 0.007071$$

したがって信用スプレッドの理論値は 70.71bp です。

残存2年以上の債券の信用スプレッド

次に残存期間が2年以上ある債券の信用スプレッドを求めます。例として3年の債券のキャッシュフローを図 4.4.1 の上の枠内に示しました。この債券は価格と回収率が満期まで一定と仮定すると、図の下側の枠内のように、毎年元本が償還され同時にこの債券に再投資することと同じキャッシュフローになります。したがって各年ごとの1年間の累積デフォルト確率がわかれば、デフォルトによる損失と信用スプレッドは (4.11) 式の関係を満た

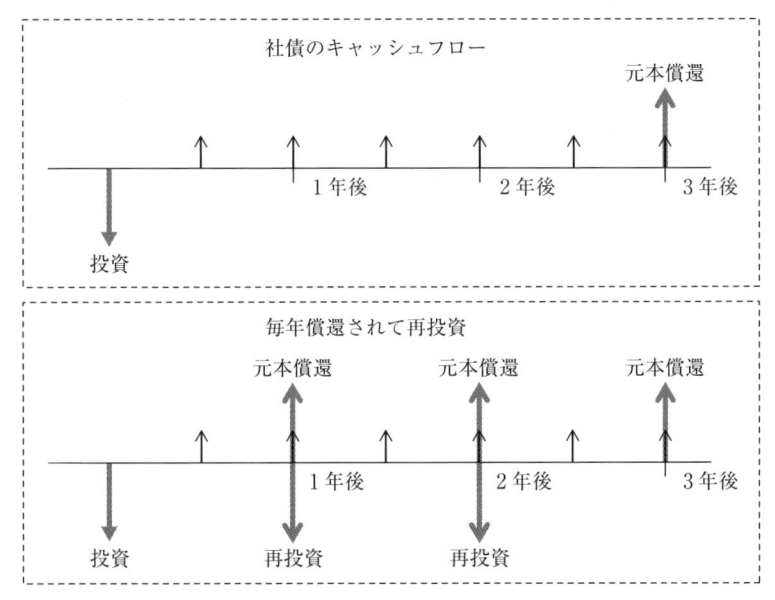

図4.4.1 期間3年の債券のキャッシュフロー

すはずです。これは残存期間が3年でなくても一般的に成り立つ話なので、1年間の累積デフォルト確率がわかれば、(4.11)式から信用スプレッドが導かれます。

残存期間 N 年の信用リスク債券の N 年累積デフォルト確率がわかれば、N 年後の生存確率は次式で与えられます。

$$N \text{年後の生存確率} = 1 - \text{累積デフォルト確率}(N) \quad (4.13)$$

この債券の1年間での累積デフォルト確率を毎年一定と仮定すると

$$\text{各年での生存確率} = 1 - \text{累積デフォルト確率}(1)$$

が成り立ちます。したがって N 年後の生存確率は次式で表されます。

$$N \text{年後の生存確率} = \text{各年での生存確率}^N = \{1-\text{累積デフォルト確率}(1)\}^N \quad (4.14)$$

(4.13) と (4.14) は等しいので

$$1 - \text{累積デフォルト確率}(N) = \{1-\text{累積デフォルト確率}(1)\}^N$$

が成立します。両辺の N 乗根をとって整理すると1年間での累積デフォルト確率は

$$\text{累積デフォルト確率}(1) = 1 - \{1-\text{累積デフォルト確率}(N)\}^{1/N} \quad (4.15)$$

です。この1年間の累積デフォルト率を (4.11) 式に適用すると、信用スプレッドを求めることができます。

さらにテーラー近似によって

$$\{1-\text{累積デフォルト確率}(N)\}^{1/N} \approx 1 - \text{累積デフォルト確率}(N)/N$$

が成り立つので、これを (4.15) 式に代入すると、1年間での累積デフォルト確率は

$$\text{累積デフォルト確率}(1) \approx \text{累積デフォルト確率}(N)/N \quad (4.16)$$

で近似できます。

例4.4.2 ある3年社債の格付けがBBBで回収率は30%で毎年一定とします。

この社債の3年累積デフォルト確率を表4.3.2から0.86%とします。(4.15)式に$N=3$と0.86%を代入すると、1年間での累積デフォルト確率は$1-\{1-0.0086\}^{1/3}=0.002875$の計算から0.2875%です。これを(4.11)式に代入すると

$$信用スプレッド = \frac{0.002875 \times 0.7}{1-0.002875} = \frac{0.0020125}{0.997125} = 0.002018$$

したがってこの社債の信用スプレッドの理論値は20.18bpです。(4.16)式の近似を使うと1年の累積デフォルト確率はおよそ$0.0086/3=0.002867$になり、これを(4.11)式に代入すると

$$信用スプレッド = \frac{0.002867 \times 0.7}{1-0.002867} = \frac{0.0020067}{0.997133} = 0.002012$$

より、理論スプレッドの近似値は20.12bpです。

投資家の分析や格付け評価などに基づく市場取引によって、信用リスク債券の利回りは合理的な水準に落ち着くので、その結果として信用スプレッドは(4.11)式の関係で均衡すると考えることができます。その仮定の下で、市場から観測される信用スプレッドから発行体の1年間の累積デフォルト確率を逆算したものを期待デフォルト確率といいます。(4.12)式の近似を使うと1年間の期待デフォルト確率は次式で導かれます。

$$期待デフォルト確率 = \frac{信用スプレッド}{1-回収率} \qquad (4.17)$$

例 4.4.3 2.2節で日本電気と日本板硝子の5年社債の信用スプレッドがそれぞれ15bp、105bpあった例を示しました。この社債の信用スプレッドと(4.17)式から期待デフォルト確率を推定してみましょう。どちらの社債

も回収率は 30％ と仮定します。すると（4.17）式から日本電気債と日本板硝子債の期待デフォルト確率はそれぞれ 0.214％ と 1.5％ と計算されます。また満期日までの累積期待デフォルト確率の近似値は（4.16）式からそれぞれ 1.07％、7.5％ と推定できます。

信用スプレッドの理論値はモデルによって異なる場合があります。また理論スプレッドと市場で観測される信用スプレッドには乖離があり、まだ多くの研究課題が残されています。

注意しておきたいのは信用スプレッドの（4.11）式は確率的な考え方に基づき、損失と超過リターンの期待値で均衡しているということです。したがって社債を1銘柄買うだけでは、合理的な信用スプレッドが上乗せされていても、その債券がデフォルトした場合には損失のほうがはるかに大きくなります。社債投資を行う場合はできるだけ多くの銘柄で分散の効いたポートフォリオを組むことが重要です。

［注］
1) 例えば［14］など。

第5章
債券投資に関連するデリバティブ

　デリバティブとは資産価格の変動リスクを回避（ヘッジ）するための金融商品の総称で、先物、スワップ、オプションなどに分類されます。一般的には企業や投資家はデリバティブ取引によってリスクヘッジをし、金融機関がそのリスクをとります。金融工学の本はデリバティブのリスクを金融機関がいかにコントロールするかの立場で理論を展開します。本書は債券投資家の立場でリスク管理を考えているので、その観点で債券運用に関係の深いデリバティブの仕組と利用法を説明します。

5.1　先物取引

　先物とは将来のある期日で、ある商品を予め決められた価格で売買することを約束する契約のことです。その期日のある月を限月といい、一般に最も近い限月のことを期近、決済期限が遠い限月のものを期先といいます。国内で上場している金融先物には株価指数、短期金利、国債などを原資産とする先物があります[1]。先物取引を行うには委託証拠金を納めますが、一般の参加者は証券会社などに口座を作りそこに証拠金を入れ、口座の管理会社を介して取引を

します。先物は買いから始めることも売りから始めることもでき、買いから入る場合は買建て、売りから入る場合は売建てといいます。

代表的な例として日経平均株価（日経225）を参照指数とする日経225先物で取引の仕組を説明します[2]。これは大阪証券取引所に上場しているので、株価のようにつねに取引価格がわかります。1月のある日の日経平均が1万円とします。この価格を現物価格といいます。先物の価格は現物価格に連動するので、3月限月の日経225先物の価格は1万20円であったとし、この価格で1単位（枚）買建てます。

先物取引では毎日損益を清算します。仮に翌日の先物価格終値が1万50円になっていれば、30円の差益が出ています。日経225先物は1枚につき1,000倍で清算するので、3万円を受け取れますが、実際には口座の残高が3万円増えるという結果になります。これを毎日繰り返しますが、日々の清算は口座の管理会社が自動的に行うので、取引をした人が何らかの手続きをすることはありません。

その翌日に株価が暴落し、先物価格が9,000円に下がったとします。この日の清算では前日との差額10050－9000＝1050円の損失が発生したので、差額の1,000倍の105万円が口座から引落されます。このような予想外の損失によって証拠金が激減し、規定額に足りなくなった場合は証拠金を追加して納めます（追証、おいしょう）。追証を納めることができない場合は口座の管理会社によって強制的に反対売買が行われ、取引は消滅します[3]。

また先物はいつでも反対売買によって決済できます。上のような不運に出会うことがなく株価が上がり、先物価格が1万300円に上がったところで売却したとします。この日まで毎日の損益を清算していますが、結果として1万20円で買ったものを1万300円で売ることと同じなので、全体としての差額は280円で、その1,000倍の28万円を受け取って取引は解消されます。これを差金決済といい、図5.1.1は毎日の清算の合計が買値と売値の差金決済に等しいことを表しています。

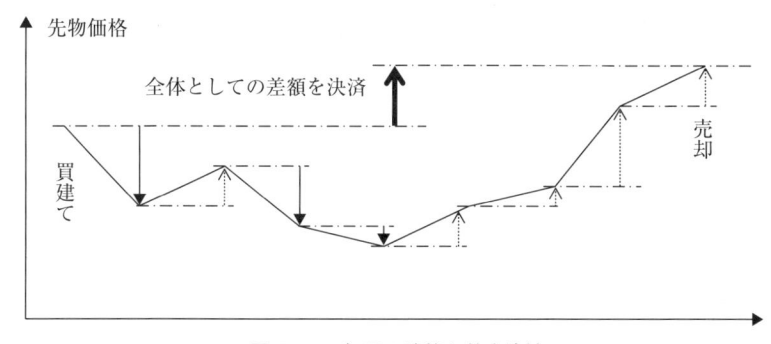

図 5.1.1　毎日の清算と差金決済

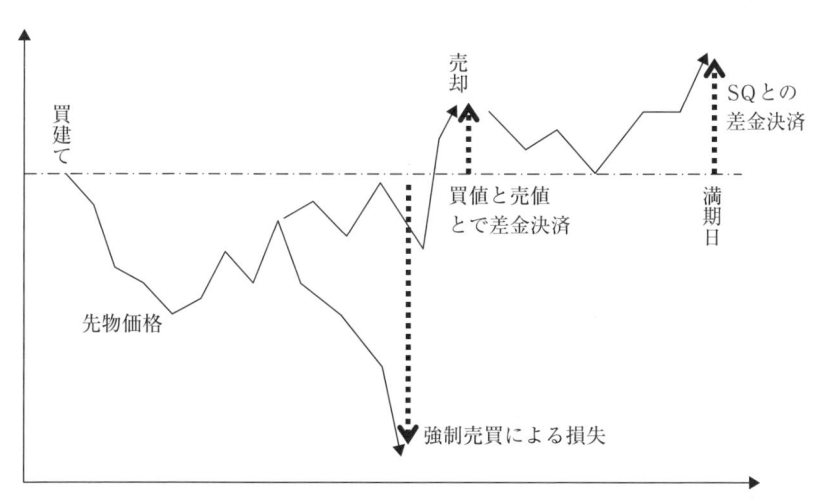

図 5.1.2　株価指数先物取引の解消のパターン

　取引最終日まで売らなかった（反対売買をしなかった）場合は翌日の決済日（満期日）に特別清算指数（SQ, Special Quotation）で差金決済（SQ 決済）が行われます。SQ は大阪証券取引所が満期日の日経平均株価の寄付価格から算出します。この決済も口座の管理会社が自動的に行います。図 5.1.2 に先物取引が解消される 3 つのパターンを示しましたが、この流れは売建てから入ったときも同様です。表 5.5.1 は日経 225 先物取引の概要をまとめたものです。表

表 5.1.1　日経 225 先物取引の概要

取引対象	日経平均株価（日経 225）
限月	3、6、9、12 月のうち最も近い月から 5 つの限月
満期日	各限月の第 2 金曜日
取引最終日	満期日の前日
売買単位	1 単位で日経平均の 1000 倍
呼び値	10 円
決済	日々の終値を基準に損益を毎日清算
	途中で反対売買か満期日に SQ 決済

引用元：大阪証券取引所 HP より抜粋、2011 年 10 月時点

中の呼び値とは先物の売買価格の最小単位のことです。

5.2　先物取引によるリスクヘッジ

　次に先物取引の例でリスクヘッジの効果を考えます。簡単のため日経 225 の組み入れ銘柄と同じ比率の株式ポートフォリオを持っているとします。したがってポートフォリオの価値は日経平均に比例して変動します。

　1 月のある日にポートフォリオ総額は 10 億円で、日経平均は 1 万円、3 月限月の日経平均先物が 1 万 20 円とします。日経 225 先物は 1,000 倍して差額を清算をするので、{10020×1000}×100＝10.02（億円）の計算から、先物 100 枚で 10.02 億円相当の取引になり、ポートフォリオ総額とほぼ同額になります。そこで先物を 100 枚売建てます。もし 2 月末日に日経 225 が 9,000 円に下がっていれば、保有ポートフォリオも同じ割合で価値が減少し、時価は 9 億円になります。

　先物の価格は日経 225 につれて変動する性質があるので[4]、先物の価格も 1,000 円下がって 9,020 円になるとしましょう。ここで先物を買い戻すと先物の取引は解消されます。1 万 20 円で売ったものを 9,020 円で買うことになる

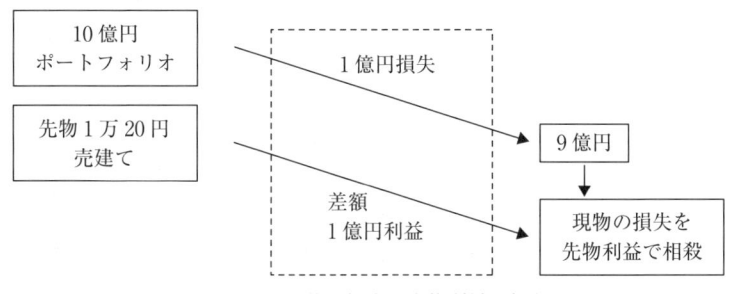

第 5 章 債券投資に関連するデリバティブ　61

```
┌──────────┐
│ 10 億円    │
│ ポートフォリオ │──────→  1 億円損失
└──────────┘                          ┌──────┐
                                       │ 9 億円 │
┌──────────┐                          └──────┘
│ 先物 1万 20 円 │                          ↓
│ 売建て      │──────→  差額        ┌──────────┐
└──────────┘         1 億円利益    │ 現物の損失を │
                                   │ 先物利益で相殺 │
                                   └──────────┘
```

図 5.2.1　現物の損失を先物利益で相殺

ので、価格差 10020 − 9020 = 1000（円）の 1,000 倍、つまり 1 枚あたり 100 万円の差額を受け取れます。100 枚売っていたので全体で 1 億円の差額を受け取ります。2 月末の保有株の価値は 9 億円に下がっていますが先物の差益 1 億円を合わせると、合計で 10 億円の資産を持っています。図 5.2.1 に示すように、株価の下落局面で 1 月時点での資産価値を 2 月まで維持できたことがわかります。

　上の例では株価が値下がりしたケースを考えましたが、逆に値上がりした場合を考えてみます。例えば 2 月末日に日経 225 が 1 万 1,000 円に上がっていた場合、保有ポートフォリオも同じ割合で時価が上がるので、時価総額は 11 億円に増えます。先物も同様に 1 万 1,020 円に上がったとしましょう。ここで先物を買い戻すと、1 万 20 円で売ったものを 1 万 1,020 円で買うことになり、10020 − 11020 = − 1000（円）の差損です。1 枚につき 1,000 倍して清算するので、100 枚では 1 億円の支払になります。2 月末の保有株の価値は 11 億円に増えますが、先物の差損が 1 億円あるので合計した価値は 10 億円です。株が値上がりしても 2 月時点での資産価値を固定していたわけで、見方によっては株価の上昇による利益を失ったことになります。図 5.2.2 はこの様子を表したものです。

　したがって先物でヘッジすると、市場の動向にかかわらずヘッジした時点で

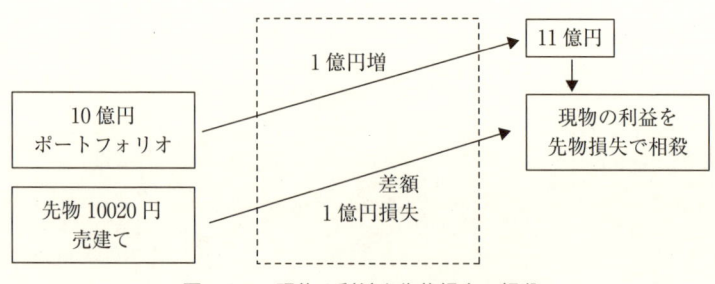

```
            1億円増
10億円  ─────────→  11億円
ポートフォリオ                ↓
                      現物の利益を
            差額       先物損失で相殺
先物10020円 ─────→
売建て       1億円損失
```

図5.2.2　現物の利益を先物損失で相殺

の資産価値を一定に保つ効果が得られます。先物は資産価値の下落をヘッジするだけでなく、将来の購入価格を現在の価格に固定する目的にも利用でき、その場合は買建てから入ります。先物価格は現物価格に連動する性質がありますが完全には一致しません。上の例のように資産価値がまったく変動しないようにできることはむしろ稀です。

　ヘッジ目的で先物取引をする場合、ヘッジしたい期間と先物の限月が一致しないのが普通です。期間が短い場合は、必要な時期に買建て（または売建て）を行い、限月の前であっても当初予定していた日に反対売買を行えば、取引は解消されます。結果として先物価格の差額が証拠金の増減に反映されてヘッジの効果を得ます。

　長期間のヘッジをしたい場合はとりあえず期近の先物取引を行い、限月にその先物を反対売買して解消し、同時に期先の先物取引を行う（ロールオーバー）と長期間のヘッジができます。例として図5.2.3は1月に3月限月の先物（3月もの）を売建て、3月に3月ものを買戻して6月ものを売建て、5月に買戻して1月から5月までヘッジするスキームを表しています。ロールオーバーでは同じ枚数の先物を期先のものに買い替えることになり、限月の異なる先物の価格差（限月間スプレッド）分のキャッシュフローが生じます。金融先物では限月間スプレッドに裁定が起きないような均衡があるので、限月間スプレッドの取引で損得が生じることは原則的にはありません。この理由は5.8節

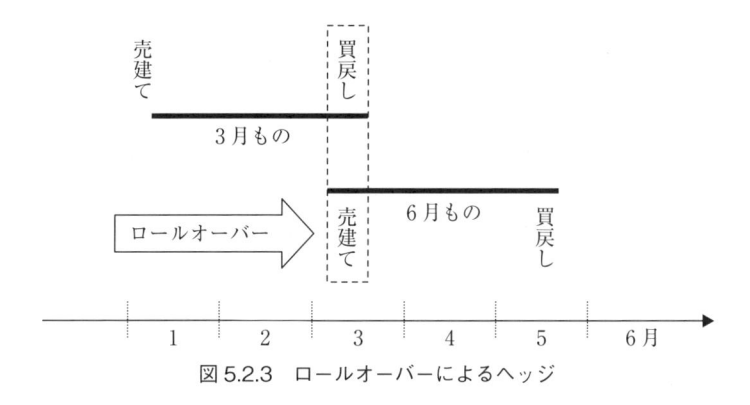

図 5.2.3　ロールオーバーによるヘッジ

で詳しく説明します。

「なぜ最初から期先のものを取引しないのか」という疑問が湧くかもしれませんが、金融先物の場合、取引の中心が期近になっているので、期先の取引が少ないからです。期近のものが取引の中心になる理由も上と同じなので、これについても 5.8 節で説明します

5.3　債券先物

国債先物は債券投資の金利リスクをヘッジするための先物で、通常は債券先物と呼ばれています。国債先物には中期国債先物、長期国債先物、超長期国債先物が東京証券取引所に上場し、それぞれ、5 年、10 年、20 年の標準物と呼ばれる仮想的な債券が取引対象です。これらの標準物は実在しませんが、市場金利からその価格を求めることができるので取引が可能になります[5]。表 5.3.1 は国債先物の取引の概要をまとめたものです。

債券先物の決済は反対売買と受渡決済で行われます。取引最終日までに反対売買を行えば差金決済によって先物取引は解消されます。そうしなかった場合

表 5.3.1　国債先物取引の概要

決済	先物の反対売買、受渡決済期日での国債の売買、毎日清算
価格表示	額面を 100 とした表示で、下 2 桁（1 銭）まで
受渡決済期日	各限月の 20 日
取引最終日	受渡決済期日の 7 日前
受渡決済値段	取引最終日の清算値段（終値もしくは最終気配値段）
限月	3、6、9、12 月のうちの直近の 3 限月
売買単位	額面 1 億円
中期国債先物	
取引対象	利率 3%の 5 年標準物国債
受渡適格銘柄	残存 4 年以上 5 年 3 か月未満の 5 年利付国債
長期国債先物	
取引対象	利率 6%の 10 年標準物国債
受渡適格銘柄	残存 7 年以上 11 年未満の 10 年利付国債
超長期国債先物	
取引対象	利率 6%の 20 年標準物国債
受渡適格銘柄	残存 15 年以上 21 年未満の 20 年利付国債

引用元：2011 年 10 月時点、東証 HP より抜粋

は取引最終日の翌日に差金決済を行い、受渡決済期日に現物国債を売って（もしくは買って）決済します。これを受渡決済といいます。受渡しに使える国債は限られていて、それを受渡適格銘柄（債）といいます。受渡適格銘柄と標準物とはクーポンや残存期間が違うので、双方の価値が等しくなるように調整する必要があり、その調整には交換比率（CF、コンバージョン・ファクター）を使います。交換比率は各国債のキャッシュフローと標準物国債との関係から決まる係数で、東京証券取引所のホームページに銘柄ごとの交換比率が公表されています。交換比率は受渡決済期日まで一定で変わることはありません。表 5.3.2 は受渡適格銘柄の交換比率の例です。

　実際の受渡代金の計算は経過利子を加えるので、

第 5 章 債券投資に関連するデリバティブ 65

表 5.3.2 受渡適格銘柄及び交換比率一覧表（長期国債先物取引）

銘柄	利率（%）	償還期日	23 年 3 月限月
290	1.4	30 年 3 月 20 日	0.740190
291	1.3	30 年 3 月 20 日	0.734542
292	1.7	30 年 3 月 20 日	0.757134
293	1.8	30 年 6 月 20 日	0.755959
294	1.7	30 年 6 月 20 日	0.750152
295	1.5	30 年 6 月 20 日	0.738536
296	1.5	30 年 9 月 20 日	0.731396
297	1.4	30 年 12 月 20 日	0.718182

引用元：H23/2/21 時点東証 HP より受渡適格銘柄の一部を抜粋

$$受渡代金 = 受渡決済値段 \times 交換比率 + 経過利子 \quad (5.1)$$

の計算が行われます。ここで受渡決済値段は取引最終日の終値か最終気配値段から決まります。ここでは簡単のため経過利子を省略して、受渡決済の仕組を説明します。

例 5.3.1　10 年の標準物国債が存在すると仮定し、これを額面金額で 1 億円保有しているとします。言うまでもなく標準物国債の交換比率は 1 です。標準物国債の価格が 130 円のとき、ポートフォリオの価値は 130×1 億円÷100 の計算から 1 億 3,000 万円です。先物の価格は標準物国債の価格に連動して変動するので、この日の先物価格も 130 円とし、それを 1 枚売ったとしましょう（先物一枚の売買単位は 1 億円なので）。取引最終日に標準物国債の価格が 128 円に下がった場合、先物も 128 円になるので受渡決済値段は 128 円です。したがって翌日の差金決済で次の売買益を受け取ります。

$$売買益 = (130 - 128) \times 1 億円 / 100 = 200 万円$$

交換比率は1なので（5.1）式より、標準物国債の売価は128×1＝128円になります。その結果

$$受渡代金 = 128 \times 1 \times 1億円 / 100 = 1億2,800万円$$

を受け取ります。簡単のため経過利子の扱いは省略しています。保有債券は値下がりしましたが、先物の売買益の200万円を合わせると合計1億3,000万円です。したがって保有債券の価格下落を先物でヘッジできています。また取引最終日に反対売買をした場合も、同時に保有国債を128円で売れば同じヘッジ効果を得ます。

5.4 取引最終日での債券先物の価格

債券先物の理論価格を求める準備として、取引最終日の先物価格について考えます。複数の受渡適格債を持っている投資家が先物を売建てて受渡決済を行うとき、この投資家は受渡しに使う銘柄を自由に選ぶことができます。したがって保有している受渡適格債の中から最も有利な条件で売れるものを使います。

簡単のため、ある限月の債券先物の受渡適格債はA回債とB回債のみとし、A回債の交換比率は0.77で、B回債の交換比率は0.75とします。決済日の先物の受渡決済値段が129円で、受渡決済日のA、Bの債券はそれぞれ100円と96円とします。

受渡決済にA回債を使う場合は交換比率が0.77なので、129×0.77＝99.33より99.33円が受渡価格です。ここでも簡単のため経過利子を無視します。A回債の時価は100円なのでこの値段で売るのは不利です。B回債を受け渡す場合は交換比率が0.75なので、129×0.75＝96.75より96.75円が受渡価格です。

表 5.4.1 受渡決済 先物売手の裁定機会

先物価格 129 円

受渡適格銘柄 (CF)	受渡日 の債券価格	受渡 決済価格	債券価格 −受渡価格	受渡決済
A 回債 (0.77)	100	99.33 = 129 × 0.77	0.67	先物売手が不利
B 回債 (0.75)	96	96.75 = 129 × 0.75	−0.75	先物買手が不利

96 円のものを 96.75 円で売れるということは B 回債の保有者の裁定機会になります。表 5.4.1 はこの状態を表しています。この例からわかるように、取引最終日に受渡適格債の価格がその受渡価格より安いことはあり得ないので、次が成立します。

債券価格 ≧ 受渡価格 = 受渡決済値段(先物価格) × 交換比率

上式はすべての受渡適格債で成り立つので、次のように書き直せます。

$$\min_{受渡適格銘柄} \{債券価格 - 先物価格 \times 交換比率\} \geq 0 \quad (5.2)$$

裁定機会が存在しないためには、債券価格がもっと高くなるか先物価格が安くなるはずです。これは相対的な関係なので、先物価格が 127 円に下がった場合で考えます。このとき A 回債は 127 × 0.77 = 97.79 より 97.79 円が受渡価格です。B 回債では 127 × 0.75 = 95.25 より 95.25 円が受渡価格です。この場合は、A も B も債券価格のほうが受渡価格より高いので、先物の買い手が市場価格より安く現物債券を買えることになり裁定機会になります。この状態を表 5.4.2 に表しました。

したがってすべての受渡適格債で

表 5.4.2　受渡決済　先物買手の裁定機会

先物価格 127 円

受渡適格銘柄 （CF）	受渡日 の債券価格	受渡 決済価格	債券価格 －受渡価格	受渡決済
A 回債 (0.77)	100	97.79 ＝127×0.77	2.21	先物売手が不利
B 回債 (0.75)	96	95.25 ＝127×0.75	0.75	先物売手が不利

$$債券価格 ＞ 受渡価格 （＝先物価格 \times 交換比率）$$

の関係になることはありません。つまり

$$\min_{受渡適格銘柄} \{債券価格 - 先物価格 \times 交換比率\} > 0 \tag{5.3}$$

とはなりません。(5.2) 式の関係から上の不等式の場合を排除すると

$$\min_{受渡適格銘柄} \{債券価格 - 先物価格 \times 交換比率\} = 0 \tag{5.4}$$

が成立します。交換比率はつねに正の値をとるので、上式の括弧内を交換比率で割ると

$$\min_{受渡適格銘柄} \left\{\frac{債券価格}{交換比率} - 先物価格\right\} = 0$$

を得ます。先物価格は変わらないので括弧から外せます。したがって

$$\min_{受渡適格銘柄} \left\{\frac{債券価格}{交換比率}\right\} = 先物価格 \tag{5.5}$$

が成り立ちます。

第 5 章　債券投資に関連するデリバティブ　*69*

　例に戻ると先物価格が 127 円では安すぎたことになるので、128 円になったと仮定します。A 回債は 128 × 0.77 = 98.56 より 98.56 円が受渡価格です。B 回債は 128 × 0.75 = 96.00 より 96.00 円が受渡価格です。このとき、A 回債の価格は 100 円で受渡価格の 98.56 円より高いため受渡決済には使われません。B 回債の価格は 96 円で受渡価格に等しいので、先物の売手と買手に裁定機会がなく、B 回債が受渡決済に使われます。表 5.4.3 はこの状態を表したもので、(5.5) 式の状況に対応しています。(5.5) 式は取引最終日の先物価格は受渡適格債の中で |債券価格 / 交換比率| の最安値に等しいことを意味します。その銘柄は最割安銘柄（チーペスト、Cheapest to Deliver, CTD）と呼ばれます。

　ここまでの議論の中で経過利子の扱いを無視してきましたが、それが許される理由を説明します。実際の受渡代金は受渡決済価格と経過利子の和です。また現物の債券を市場で売るときもその代金は債券価格と経過利子の和です。したがって次の 2 式が成り立ちます。

$$\text{先物決済の受渡代金} = \text{受渡決済価格} + \text{経過利子}$$
$$= \text{先物価格} \times \text{交換比率} + \text{経過利子}$$
$$\text{現物債券を市場で売買するときの代金} = \text{債券価格} + \text{経過利子}$$

「先物決済の受渡代金」と「現物債券を市場で売買するときの代金」との間で裁定が起きないためには、(5.4) 式までの議論の繰り返しによって

表 5.4.3　受渡決済　最割安銘柄の価格と受渡価格が一致

先物価格 128 円

受渡適格銘柄 (CF)	受渡日の債券価格	受渡決済価格	債券価格 − 受渡価格	受渡決済
A 回債 (0.77)	100	98.56 = 128 × 0.77	1.44	先物売手が不利なので受渡しに使わない
B 回債 (0.75)	96	96.00 = 128 × 0.75	0.00	受渡しに使う

$$\min_{\text{受渡適格銘柄}} \{(債券価格+経過利子)-(先物価格\times交換比率+経過利子)\}=0 \quad (5.6)$$

が成り立ちます。上式のかっこ内の第 1 項と第 2 項は同一債券を意味するので経過利子は等しいことになり、左辺の経過利子は相殺され

$$\min_{\text{受渡適格銘柄}} \{債券価格-先物価格\times交換比率\}=0$$

を得ます。これは（5.4）式と同じなので、取引最終日の先物価格の計算に経過利子を無視できるのです。

5.5 債券先物の理論価格

標準物国債の価格は市場金利から計算できると 5.3 節で述べましたが、現実には、取引最終日以前の先物価格は最割安銘柄の価格を交換比率で割った価格に連動することが知られています。その理由は最割安銘柄と先物間で裁定が起きない価格関係が形成されるからです。ここでは最割安銘柄の交替がないと仮定して、債券先物の理論価格を導きます。文献などでは理論価格の導出時に交換比率を 1 と近似するものがよく見られます。表 5.3.2 の例からもわかるように、近年では長期国債先物の受渡適格債の交換比率は 0.75 前後の場合があります。これを 1 と近似することには無理があるので、ここではその仮定をしないで先物価格を導きます。

時刻 t における取引最終日が T の債券先物の価格を先物価格(t) で表し、最割安銘柄は取引最終日まで変わらないとし、時刻 t での価格と経過利子をそれぞれ最割安銘柄価格(t)、経過利子(t) で表します。この場合債券価格は経過利子を含まない、通常の取引時の売買価格を意味します。$t=0$ に最割安銘柄を 1 単位買うと $\{$最割安銘柄価格$(0)+$経過利子$(0)\}$ の資金が必要で、これ

は銀行から金利 r で借ります。最割安銘柄の交換比率を C_F とし、先物を先物価格(0)で C_F 単位売ります。ここでの先物 1 単位は債券 1 単位の額面に相当する量です。

取引最終日 T に (5.5) 式より次の関係が成立します。

$$\text{最割安銘柄価格}(T) = C_F \times \text{先物価格}(T) \tag{5.7}$$

売った先物を現物債券で受渡決済をすると、現物債券と先物の取引量が違うので計算が面倒です。したがって取引最終日に反対売買で決済し、最割安銘柄を市場で売る場合で考えます。先物は C_F 単位を売建てていたので差金決済の受取額は

$$C_F \times (\text{先物価格}(0) - \text{先物価格}(T))$$

です。満期日での最割安銘柄の経過利子を経過利子 (T) で表すと、これを市場で売った代金は

$$\text{最割安銘柄価格}(T) + \text{経過利子}(T)$$

です。$t=0$ に借りた資金は金利をつけて

$$(\text{最割安銘柄価格}(0) + \text{経過利子}(0)) \times (1 + r \times T)$$

を返します。裁定が起きないためには以上のキャッシュフローの総和がゼロになるはずなので、

$$C_F \times (\text{先物価格}(0) - \text{先物価格}(T)) + \text{最割安銘柄価格}(T) + \text{経過利子}(T)$$

$$-(最割安銘柄価格(0)+経過利子(0))\times(1+r\times T)=0$$

が成立します。(5.7) を上に代入して整理すると、最割安価格（T）が相殺され

$$C_F \times 先物価格(0) = (最割安銘柄価格(0)+経過利子(0))\times(1+r\times T) \\ -経過利子(T)$$

を得ます。これを次のように書きなおし、

$$C_F \times 先物価格(0) = 最割安銘柄価格(0) \times (1+r\times T) \\ +経過利子(0)\times(1+r\times T)-経過利子(T)$$

右辺第2項の $\{経過利子(0)\times r \times T\}$ は他にくらべて小さいのでゼロと近似すると

$$C_F \times 先物価格(0) \approx 最割安銘柄価格(0)\times(1+r\times T)+経過利子(0) \\ -経過利子(T)$$

を得ます。ここで最割安銘柄の利率を C で表すと

$$経過利子(T)-経過利子(0)=C\times T$$

となるので、これを上式に代入すると先物価格は次で表されます。

$$先物価格(0) \approx \frac{最割安銘柄価格(0)\times(1+r\times T)-C\times T}{交換比率} \qquad (5.8)$$

右辺分子の $\{$最割安銘柄価格$(0) \times r \times T\}$ は最割安銘柄を保有するための資金コスト（借り入れた資金に対する利息）で、$C \times T$ は保有期間中のクーポン収入なので、(5.8) 式は次のように解釈できます。

$$先物価格 \approx \frac{最割安銘柄価格 - (クーポン収入 - 資金調達コスト)}{交換比率}$$

クーポン収入は長期金利による保有期間分の経過利子に相当し、債券の購入資金は短期金利で調達するので、通常は

$$クーポン収入 - 資金調達コスト > 0$$

の関係になっています。したがって先物価格は $\{$最割安銘柄価格/交換比率$\}$ よりやや低めの値で推移しながら、取引最終日に $\{$最割安銘柄価格/交換比率$\}$ に収束します。

5.6　債券先物によるヘッジ比率

　債券ポートフォリオを債券先物でヘッジする場合は、何枚取引するか（ヘッジ比率）が問題になります。ポートフォリオの総額が額面金額で100億円のときに先物を100枚売って済むなら簡単ですが、残存年数によって債券の金利感応度が違うので、銘柄ごとにヘッジ比率は異なります。ヘッジ比率を決める方法は実務ではさまざまな方法が行われていますが、ここでは金利感応度でヘッジ比率を決める方法について述べます。

　ある債券を保有しているとして、(3.16) 式を思い出すと、そのデュレーションは

$$\text{デュレーション} = -\frac{(1+0.5\times\text{金利})\times\text{債券の金利感応度}}{\text{債券価格}}$$

で表され、これを変形すると

$$\text{債券の金利感応度} = -\frac{\text{デュレーション}\times\text{債券価格}}{1+0.5\times\text{金利}}$$

を得ます。現物と先物の金利感応度を一致させるには上式右辺に現物と先物のデュレーションと価格を代入したものが等しいことになるので

$$\frac{\text{現物のデュレーション}\times\text{現物価格}}{1+0.5\times\text{金利}} = \frac{\text{先物のデュレーション}\times\text{先物価格}}{1+0.5\times\text{金利}}\times\text{ヘッジ比率}$$

が成立するようにヘッジ比率を決めます。市場金利は両辺とも等しいので消去すると

$$\text{現物のデュレーション}\times\text{現物価格} = \text{先物のデュレーション}\times\text{先物価格}\times\text{ヘッジ比率}$$

を得ます。この関係式からヘッジ比率は次式で決まります。

$$\text{ヘッジ比率} = \frac{\text{現物のデュレーション}\times\text{現物価格}}{\text{先物のデュレーション}\times\text{先物価格}} \tag{5.9}$$

次に BPV でヘッジ比率を決める方法を考えます。この場合は

$$\text{現物の BPV} = \text{先物の BPV}\times\text{ヘッジ比率}$$

が成立するようにヘッジ比率を決めれば、金利変化に対する両辺の価格変化は等しくなります。したがってヘッジ比率は

$$\text{ヘッジ比率} = \text{現物のBPV} / \text{先物のBPV} \tag{5.10}$$

で与えられます。(5.9) 式と違って、この方法ではBPVさえわかれば計算可能です。またどちらの考え方も金利がパラレルに変動することを前提としている点に注意が必要です。

ポートフォリオの場合は次のように考えます。各債券の保有額面金額あたりのBPVを計算すると、その総和はポートフォリオ全体のBPVになります。

$$\text{ポートフォリオのBPV} = \text{総和}\{\text{各債券の保有額面金額あたりのBPV}\}$$

イールドカーブがパラレルシフトすると仮定すると、ヘッジ比率は次式を満たすように定めればよいことになります。

$$\text{ポートフォリオのBPV} = \text{先物(額面1億円あたり)のBPV} \times \text{ヘッジ比率}$$

したがってヘッジ比率は次式で求められます。

$$\text{ヘッジ比率} = \frac{\text{ポートフォリオのBPV}}{\text{先物(額面1億円あたり)のBPV}}$$

問題は先物の金利感応度をどのように求めるかです。例えば標準物国債かあるいは最割安銘柄の金利感応度を使う方法が考えられます。BPVで合わせるなら先物のBPVを標準物国債のBPVか{最割安銘柄のBPV/交換比率}に合わせることになります。最割安銘柄の交替が起きない状況下なら、最割安銘

柄のBPVを使うのが現実的と考えられますが、これは実務レベルでの判断になります。

またイールドカーブはつねにパラレルシフトするわけではないので、金利感応度でヘッジ比率を決めても完全にヘッジできるわけではありません。先物でのヘッジはある程度の誤差を見込んだ運用になります。

5.7　先渡と先物の価格

先渡(さきわたし)取引とはある商品を将来のある日（期限日）に予め決められた価格で売買する契約のことです。その商品の現在の価格を直物(じきもの)価格、予め決めておく価格を先渡価格といいます。リスクヘッジの効果でみると先物と先渡はよく似ていて、違いはレディーメードとオーダーメードの関係に例えることができます。先物は上場取引なので定型のものしか扱えませんが、先渡は相対取引なので条件を自由に決められるからです。

先物の価格は市場価格からわかりますが、先渡契約は相対取引なので先渡価格を公正に決める必要があります。まず次の例で先渡価格の決め方を考えてみましょう。

Aは1年後に金を1kg買う先渡取引をBと交わしたとします。そしてAとBはそれぞれ以下のように行動したとしましょう。

A：金1kg分の先渡価格に対して、｛先渡価格／(1＋金利)｝の額の現金を貯金で運用

B：金を1kg保有

Aは貯金による運用をした結果、1年後の価値は次のように増えます。

$$貯金の1年後の価値 = \frac{先渡価格}{1+金利} \times (1+金利) = 先渡価格$$

これは先渡価格と同じ額なので、この資金で先渡契約に基づいて金1kgを購入でき、手元に資金は残りません。一方、Bは1年後に金1kgをAに売れば、ちょうど先渡価格の代金を受け取ることができ、手元に金は残りません。AとBの双方が1年後に先渡契約を決済できることになるので、裁定が起きないためにはAとBの現在時点での価値は等しいはずです。図5.7.1はこの様子を表しています。このことから次式が成り立ちます。

$$金の先渡価格/(1+金利) = 金の直物価格$$

したがって金の先渡価格は ｛金の直物価格×(1+金利)｝ に等しくなります。これは金でなくても配当のない資産について成立し、1年後が期限日の先渡価格は次式で定められます。

$$先渡価格 = 直物価格 \times (1+金利)$$

図5.7.1 先渡価格の決まる仕組

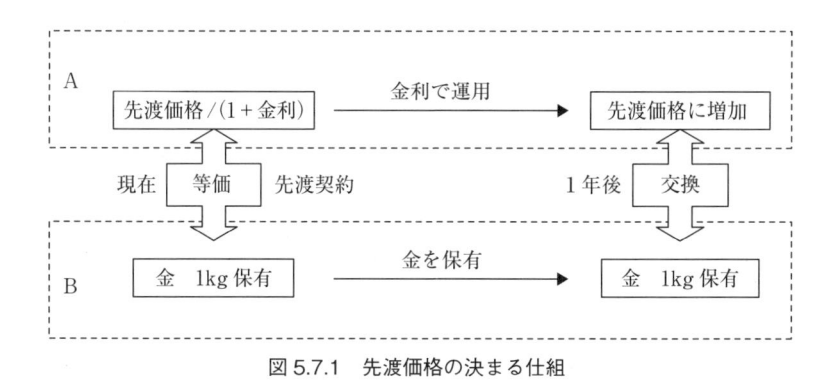

任意の期間後の先渡価格はその期間の単利金利によって次式で表されます。

$$先渡価格 = 直物価格 \times (1+金利 \times 期間)$$

また期限日までの割引率を使うと、次のように一般的な形で表すことができます。

$$先渡価格 = 直物価格 / 割引率$$

この結果、先渡の理論価格は現在価格と期限日までの割引率（あるいは金利）によって確定します。先渡取引は相対取引ですが、双方に公正な価格で取引できることがわかります。

　先物と先渡のヘッジ効果はよく似ていますが、先物は毎日清算が行われる点で先渡とキャッシュフローが微妙に異なります。これらの価格関係を調べるために、ある資産を対象とする先渡と先物が存在すると仮定し、それぞれの理論価格の関係について考えます。

　簡単のため、先物は満期日に最終的な清算価格が決まって差金決済を行い、先渡も満期日に決済を行うものとします。この条件のとき満期日までの金利が一定と仮定すると、同じ日を満期日とする先物と先渡の価格は等しいことが知られています。

$$先物理論価格 = 先渡価格 \qquad (5.11)$$

この証明は少し面倒なので付録7.5節に載せておきます。金利の変動を考慮すると、先物の理論価格は先渡価格と微妙に違います[6]。実務では満期日までの金利を一定と仮定し、先物理論価格を先渡価格と同一視して取引をしている場合が多いので、本書でも先物の満期日までの金利を一定として考えます。したがって以下が成立します。

$$先物理論価格 = 直物価格 / 割引率 \qquad (5.12)$$

満期日が近づくにつれて割引率は1に近づくので、先物理論価格は直物価格に収束します。先物の市場価格が理論価格から乖離すると裁定取引が行われるので、先物価格は理論価格から乖離することがなく、つねに直物価格より金利分高い関係を保ちながら直物価格に連動します。逆に先物が大量に売買されることによって先物価格が変動し、直物価格が先物に追随する場面もよくみられます。

また商品先物では商品そのものの流動性や保存性などが金融商品とは違うので、(5.12) の価格関係を満たさない場合がみられます。

例 5.7.1 日経225先物の理論価格を計算してみましょう。簡単のため配当の影響はないものとします。期近ものの満期日が60日後で、2カ月金利が365日ベースで0.73%とします。このとき満期日までの割引率は

$$割引率 = \frac{1}{1 + 60 \div 365 \times 0.0073} = \frac{1}{1.0012}$$

です。ある日の日経225が1万円のとき、日経225先物の理論価格は(5.12)式計算によって1万12円です。この場合は直物価格より12円高い価格になります。

日経225先物以外には日経300や東証株価指数など他の指数を原資産とする株価指数の先物があります。株価指数と価格が完全に一致する資産はないので、先物と直物との厳密な裁定取引は不可能です。その一方で株価指数と同じポートフォリオを運用するファンドや、指数に連動するETF（上場投資信託）があるので、指数と先物の価格間に極端な乖離があると裁定取引が可能になります。したがって株価指数先物はある程度の誤差の範囲内で先物理論価格に近い価格で推移します。

5.8 ロールオーバーと限月間スプレッド

　この節では限月の異なる先物の価格差（限月間スプレッド）の理論値を求めます。簡単のため一般的な意味での先物取引を考え、満期日に清算価格が決まり差金決済するものとします。

　限月の異なる先物 A、B を考え、A は期近もので、B は次の限月ものとします。B の満期日までの期間金利は一定で変動しないと仮定すると、(5.12)式から A と B の先物理論価格は

$$A の理論価格 = 直物価格 \times (1 + A の満期日までの期間 \times 金利) \quad (5.13)$$

$$B の理論価格 = 直物価格 \times (1 + B の満期日までの期間 \times 金利) \quad (5.14)$$

で表されます。したがって限月間スプレッドの理論値（理論スプレッド）は(5.13)式と(5.14)式の差から

$$理論スプレッド = 直物価格 \times (B と A の満期日間の期間 \times 金利) \quad (5.15)$$

で表されます。A と B の満期日までの期間金利が異なる場合は、(5.13)式と(5.14)式にそれぞれの期間金利を代入して差をとれば理論スプレッドを求めることができます。

例 5.8.1　ある年の 4 月に日経 225 は 1 万円とし、限月が 6 月と 9 月の 2 種類の日経 225 先物を考えます。簡単のため 6 月ものの満期日まで 60 日、9 月ものの満期日まで 150 日とします。2 カ月と 5 カ月の金利はともに 0.73%（365 日）で、9 月の満期日まで変動しないものとします。(5.15) 式より理

論スプレッドは

$$\text{理論スプレッド} = 10000 \times \{(150 - 60) \div 365 \times 0.0073\} = 18$$

の計算から18円です。実際には6月と9月までの金利差があるので、順イールドのときの理論スプレッドはもう少し高くなり、逆イールドのときは少し安くなります。

日経225が9月まで1万円で一定と仮定すると、それぞれの先物の理論価格は(5.13)式と(5.14)式に従って徐々に安くなり、理論スプレッドは18円で一定です。図5.8.1はこの様子を表しています。4月時点で9月ものの取引が少なくても、その価格は6月ものより18円高いと考えておいて6月ものを買います。6月にロールオーバーして9月ものに買い替えると、差額の18円を払うことになるので、はじめから9月ものを買っていたことと実質的に同じです。これは売建てのときも同じです。

限月間スプレッドも理論値と乖離すると裁定取引が行われるので、概ね理

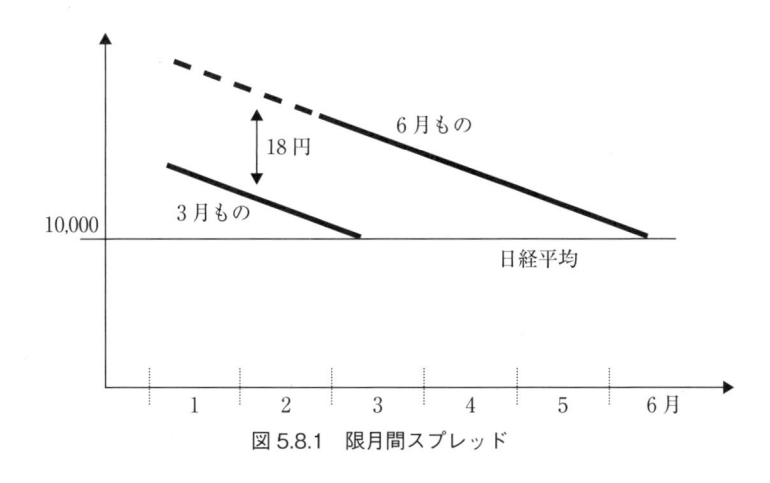

図 5.8.1　限月間スプレッド

論スプレッドに近い価格関係が維持されます。このことから期先の先物を取引するかわりに、流動性のある期近ものを取引し、限月交替の時期にロールオーバーを行えば実質的に期先の先物取引をすることと同じ効果です。5.2 節で金融先物は期近の先物取引が多いと述べましたが、限月間スプレッドが理論スプレッドから顕著に乖離しないことが主な理由として考えられます。

TOPIX（東証株価指数）先物や国債先物では限月間スプレッド取引が上場しています。TOPIX 先物の場合は、

スプレッド取引の買い＝期近の限月の売り＋期先の限月の買い

の組合わせの取引です。例えば期近の 6 月ものの TOPIX 先物を買建てているときに、スプレッド取引を買建てると、6 月ものの売りと 9 月ものの買いが同時にできます。買建てていた 6 月ものは消滅するので、スプレッドを払って 9 月ものにロールオーバーしたことになります。

6 月もの買建て＋スプレッド取引の買い＝9 月もの買建て

実務においては、期近と期先の銘柄の先物を同時に売買する取引には流動性リスクがあります。また同じタイミングで確実に取引するために成行き注文した場合は、売りと買いのそれぞれで呼値幅のコストを払わされることになります。TOPIX 先物では、先物の呼値は 0.5 ポイントですが、スプレッド取引の呼値は 0.1 ポイントです。これは日経 225 先物の 5 円と 1 円に相当する額です。スプレッド取引に流動性があるときにスプレッド取引を使うと、理論スプレッドに近いコストでロールオーバーできるのです。

5.9 為替予約の予約レート

為替予約とは為替レートの先渡取引のことで、将来のある期日（決済日）の為替レートを予め決めて売買する契約です。決済日に交換できる為替レートを予約レートといい、現時点での為替レートを直物（じきもの）レートといいます。

予約レートは先渡価格と同じ考え方で決められます。例えば、現時点で1ドル100円（直物レート）で、ドルの金利が4%で円金利が2%とします。このとき100円を円金利で運用すると1年後には102円になります。また100円を1ドルに替えてドル金利で運用すれば、1年後には1.04ドルになります。無裁定の原理から、1年後の1.04ドルと102円は同じ価値になるので、決済日（1年後）の予約レートは98.1円（＝102/1.04）に決まります。図5.9.1はこの仕組を表したもので、この考え方を一般的な形で表すと次式になります。

$$\{ドルを円転して円金利で運用\} = \{ドルをドル金利で運用して予約レートで円転\} \tag{5.16}$$

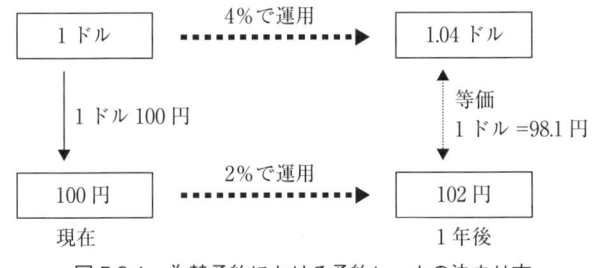

図5.9.1 為替予約における予約レートの決まり方

つまり

$$\text{直物レート} \times \text{円金利運用} = \text{ドル金利運用} \times \text{予約レート}$$

が成り立ちます。単利金利で運用する場合は

$$\text{直物レート} \times \{1 + \text{円金利} \times \text{期間}\} = \{1 + \text{外貨金利} \times \text{期間}\} \times \text{予約レート}$$

です。上式を予約レートで表すと次式になります。これは予約レートが直物レートと金利と期間によって決まることを意味します。

$$\text{予約レート} = \frac{1 + \text{円金利} \times \text{期間}}{1 + \text{外貨金利} \times \text{期間}} \times \text{直物レート} \qquad (5.17)$$

期間が長いときは複利で考えるので、外貨と円でそれぞれ半年複利で N 年運用すれば（5.16）式と3.1節の（3.2）式によって

$$\text{直物レート} \times \{1 + (0.5 \times \text{円金利})\}^{2N} = \{1 + (0.5 \times \text{外貨金利})\}^{2N} \times \text{予約レート}$$

が成立します。したがって半年複利で N 年先の予約レートは

$$\text{予約レート} = \left\{\frac{1 + 0.5 \times \text{円金利}}{1 + 0.5 \times \text{外貨金利}}\right\}^{2N} \times \text{直物レート} \qquad (5.18)$$

で計算できます。割引率を使って表すと、任意の決済日について、

$$\text{予約レート} = \frac{\text{外貨金利での決済日までの割引率}}{\text{円金利での決済日までの割引率}} \times \text{直物レート}$$

が成り立ちます。

(5.17) 式や (5.18) 式からわかるように、外貨金利のほうが高いほど予約レートは安くなります。一定の金利下で期間と予約レートの関係がわかるよう、ドル金利が4%、円金利が2%のときの計算例を表5.9.1にまとめました。この表から、外貨金利のほうが高い場合は期間が長いほど予約レートが安く

表5.9.1 期間と為替予約レート
(直物　1ドル100円、円金利2%、ドル金利4%、半年複利)

年	予約レート	年	予約レート
1	98.05	10	82.12
2	96.14	15	74.41
3	94.26	20	67.43
4	92.42	25	61.10
5	90.62	30	55.37
7	87.12		

なります。実際の為替レートは他の要因によっても変動するので、予約レートが将来の為替レートとして実現するわけではありません。

5.10　フォワードレート（先渡金利）

フォワードレート（先渡金利）とは将来のある時点から始まる一定期間の先渡金利のことです。実際の取引には金利先渡取引（FRA, Forward Rate Agreement）があり、これは先渡金利を取り決める相対取引のことです。本書では混乱しないように先渡金利をフォワードレート、金利先渡取引をFRAと表します。また現時点から始まる一定期間の金利をスポット金利と呼んでフォワードレートと区別します。n年後にスタートするm年間の先渡金利をn年先m年間のフォワードレートといい、先渡価格と同様に現在の金利から計算します。

例として、現時点で1年間の単利金利が1%、2年の単利金利を1.5%として、1年先1年間のフォワードレートを求めます。フォワードレートは貸す方と借りる方にとって損得がないように計算しますが、ここでは貸す側の立場で考えます。1年先1年間のフォワードレートをrとすると、はじめの1年は金利1%で運用し、次の1年間は金利rで運用できます。この運用結果と金利1.5%

で2年運用した結果は、無裁定の原理から等しいはずです。それを式で表すと次のようになります。

$$(1+0.01) \times (1+r) = (1+0.015 \times 2) \tag{5.19}$$

図5.10.1はこの関係を表したもので、この式を整理すると $(1+r) = 1.03/1.01 = 1.0198$ を得ます。この結果から $r = 0.0198$ になるので、フォワードレートは1.98%です。

例5.10.1 A社は1年後に1億円を1年間借りる予定があります。現時点の金利が低く、今後上昇しそうなので1年先1年間のFRAを銀行と交わすことにします。この場合の先渡金利は上のフォワードレートが適用され、1.98%で契約します。1年後に1年金利が3%に上昇した場合、FRAは差金決済なので、$10000 \times (0.03 - 0.0198) = 102$ の計算から102万円を受け取ります。同時に1億円を借りるとその金利は3%です。1年分の利息は $10000 \times 0.03 = 300$ の計算で300万円ですが、FRAでの受取が102万円あるので実質的な資金調達コストは198万円です。これは1億円の1.98%に相当するので、フォワードレートの1.98%で調達したことと同じです。

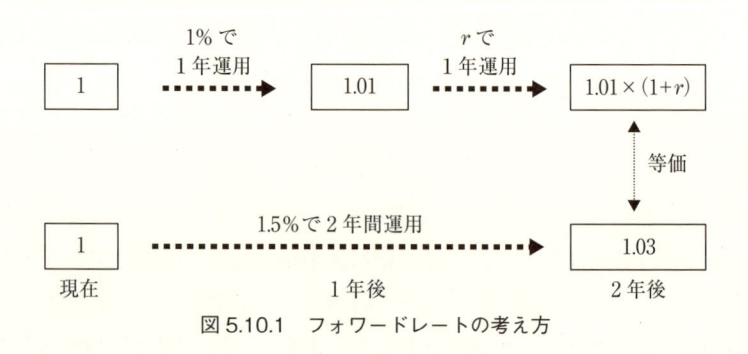

図5.10.1　フォワードレートの考え方

一般の場合のフォワードレートは次のようにして計算します。現在を $t=0$ とし、将来のある期日を S, T とし、期日 S に借りて期日 T に返すとき、つまり S 年先 $(T-S)$ 年間のフォワードレートは (5.19) 式と同様に次式を満たすように決められます。

$$(1+S\text{年金利}\times S)\times(1+\text{フォワードレート}\times(T-S))=(1+T\text{年金利}\times T)$$

上の両辺を $(1+S\text{年金利}\times S)$ で割ると

$$1+\text{フォワードレート}\times(T-S)=\frac{1+T\text{年金利}\times T}{1+S\text{年金利}\times S}$$

となり、左辺の1を右辺に移項し、全体を $(T-S)$ で割ると、フォワードレートは次式で与えられます。

$$\text{フォワードレート}=\frac{1}{(T-S)}\left\{\frac{1+T\text{年金利}\times T}{1+S\text{年金利}\times S}-1\right\}$$

上の式は単利を使っているので比較的短期の場合の計算方法です。借入の期間が複数年の場合はフォワードスワップ金利を計算する場合もありますが、本書では省略します[7]。

例5.10.1では、1年先1年間のフォワードレートが1.98%でしたが、これは1年後に1年スポット金利が1.98%になるという意味ではありません。もし1年後の1年スポット金利が1.98%より高いなら、金利1.5%で2年運用するよりも、はじめの1年は金利1%で運用し、次の1年間は1年後の1年金利で運用したほうが得ですが、そうなるがどうかはわかりません。同様にもし1年後の1年金利が1.98%より低いなら、金利1.5%で2年運用するほうが得だったことになります。

一方では、フォワードレートに将来の金利予想が織り込まれた結果として、現在のスポットレートが決まると考えることもできます。市場参加者の将来の金利の予想がイールドカーブの形状に織り込まれていると考えるのが純粋期待仮説です。景気の後退局面では将来の金利の低下が予想され、フォワードレートが下がります。その結果長期金利が下がり、逆イールドになると考えることができます。逆イールドの現象は流動性選好仮説では説明できませんが、純粋期待仮説では説明できることになります。

5.11 スワップ

市場リスクのヘッジに使われるスワップには金利スワップと通貨スワップがあります。このうち金利スワップはある期間内の同じ通貨の固定金利と変動金利を交換する契約です。変動金利の指標には6カ月LIBOR（ライボー、London Interbank Offered Rate）などを用います。LIBORとはロンドンの銀行間取引における貸出金利のことで、国際金融取引の短期金利の基準として広く利用されています。LIBOR以外には日本円TIBOR（タイボー、Tokyo Interbank Offered Rate）が使われる場合もあります。これは国内の銀行間取引における貸出金利のことで、全国銀行協会が毎営業日にレートを発表します。表5.11.1は日本円TIBORの例です。

スワップ取引における固定金利のことをスワップ金利といいます。LIBORやスワップ金利は日々変動していて、新聞などからでも日々の金利を知ることができます。スワップ金利のイールドカーブの例はすでに図2.2.2

表5.11.1　日本円TIBORの例

期間（月）	TIBOR（%）
1WEEK	0.16364
1	0.26909
2	0.35273
3	0.46364
6	0.57455
9	0.58818
12	0.60000

引用元：2009年12月30日 365日ベース、全銀協

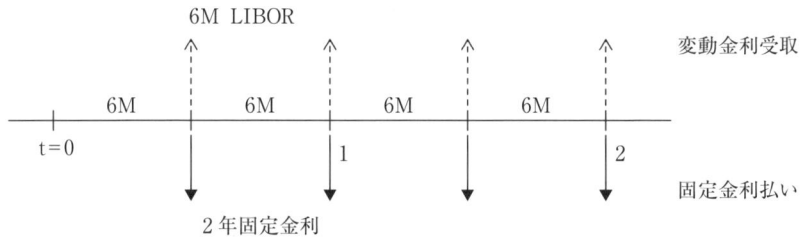

第 5 章　債券投資に関連するデリバティブ　*89*

図 5.11.1　金利スワップ（2 年）のキャッシュフロー

に示しました。通常の金利スワップでは元本交換をせず、金利支払の元になる元本を想定元本といいます。そして固定金利の受取側を固定受け、変動金利の受取側を固定払い（もしくは変動受け）といいます。図 5.11.1 は固定払いの金利スワップを契約した場合のキャッシュフローを表したのものです。この図では、変動するキャッシュフローを便宜的に点線の矢印で表しています。

例 5.11.1　ある企業が固定利率の社債を発行し、同時に固定受けの金利スワップを取引したとします。図 5.11.2 のように、スワップ契約によって受け取る固定金利を社債の利払いに充てると、固定金利のキャッシュフローが相

図 5.11.2　社債の利払いを変動化

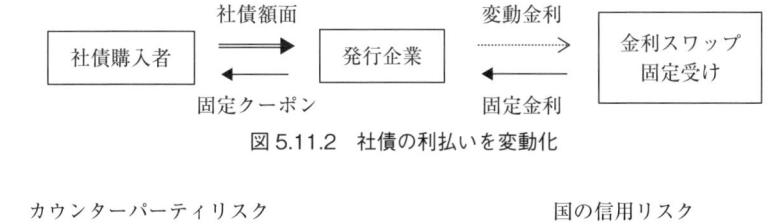

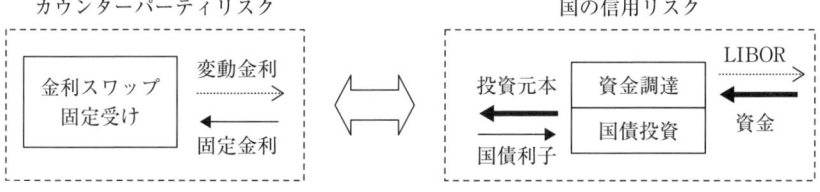

図 5.11.3　金利スワップの固定受けと調達資金で国債に投資する場合との比較

殺され、実質的に変動金利の支払のみのキャッシュフローになります。スワップによって資金コストを変動金利に変えたことになります。

図5.11.3の右の図は、LIBORを払って資金を借り、その資金で国債を買い、長期金利（国債利子）を受け取っている状態を表します。調達資金と投資元本は相殺するので、国債利子の受取とLIBORの支払のキャッシュフローだけが残ります。これは左の国の金利スワップの固定受けのキャッシュフローと同じです。違いはスワップには取引相手が契約不履行に陥るカウンターパーティリスクがあり、国債には国の信用リスクがあるという点です。これらのリスクが等しいなら、スワップ金利と国債利回りは等しいはずです。一般的には国のほうが民間の金融機関より信用力が高いので、国債の信用リスクをゼロと考え4.4節の(4.8)式と同様に

$$\text{スワップ金利} = \text{国債利回り} + \text{金融機関の信用スプレッド}$$

の関係が成り立ちます。このことからスワップ金利の方が国債利回りよりやや高めに推移します。経済状況によっては国債の信用力が問われる場合があり、2.2節の図2.2.2のように金利が逆転することもあります。いずれにしてもスワップ金利は国債利回りと密接な関係を保ちながら推移します。

次にスワップの価値（価格）を固定受けの場合で考えます。固定受けのスワップは次式の金利を受け取る証券とみることができます。

$$\text{受取金利} = \text{固定金利} - \text{変動金利} = \text{スワップ金利} - \text{LIBOR} \tag{5.20}$$

通常はスワップ金利のほうがLIBORより高いので、契約当初はこの金利差を受け取ることができます。しかしその後の経済情勢の変化によって、契約時の

スワップ金利よりも短期金利のほうが高くなる可能性があり、その場合には逆に金利差を払うことになります。このような将来の金利変動リスクを織り込み、固定受けと払いの双方の価値が等しいところでスワップ金利が均衡します。したがって (5.20) 式のキャッシュフローをもつ証券の価格は契約時点ではゼロ円です。金利スワップの価値も契約時点ではゼロ円です。

その後金利が上昇すると固定利率の債券と同じようにスワップの価値は下がります。逆に金利が低下するとスワップの価値は上昇します。固定払いのときは逆の値動きになります。スワップ金利が国債利回りに連動する性質を利用すると、債券の金利リスクヘッジに金利スワップを使うこともできます。債券ポートフォリオをスワップでヘッジをする場合、スワップの期間と想定元本の計算が問題になります。個々の債券ごとにスワップを取引すればわかりやすいですが、面倒なのと機動的にリスクをコントロールする目的には不向きです。ポートフォリオ全体を一括でヘッジするには、例えばポートフォリオのデュレーションが5年のときは5年のスワップを取引し、

$$\text{ポートフォリオの BPV} = \text{スワップの BPV}$$

となるように想定元本を決める方法が考えられます。イールドカーブがパラレルシフトする場合にはこの方法でも有効です。金利スワップの BPV 計算は国債の BPV 計算と同じ考え方でできますが、詳細は［10］や［18］などを参照してください。

インプライド・フォワードレート

0.5年後の期間0.5年、1年後の期間0.5年、n 年後の期間0.5年のフォワードレートは LIBOR とスワップ金利から導くことができます。これはインプライド・フォワードレート（または単にフォワードレート）と呼ばれ、金利デリバティブの計算の指標になる重要な金利です。半年ごとの期間を横軸に

図5.11.4　スワップ金利とフォワードレート

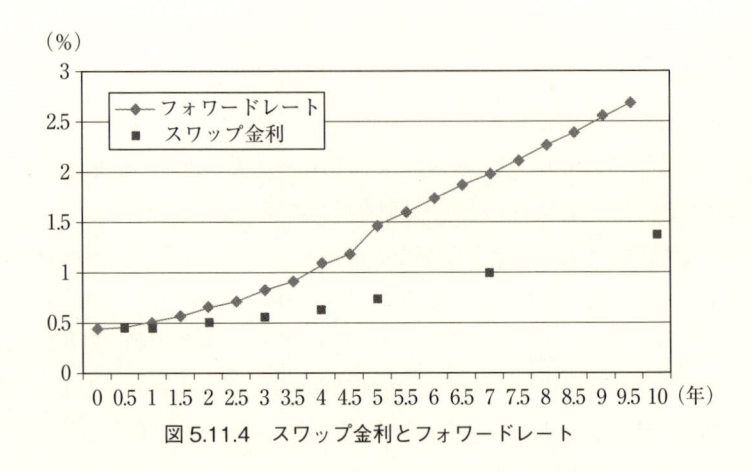

とり、縦軸にフォワードレートをグラフに表したものはフォワードカーブと呼ばれます。

　図5.11.4はある日の円スワップ金利とそれから導いたフォワードカーブの例です。ここで半年の金利には6カ月LIBORを使い、現在時刻から0.5年後のフォワードレートは直物金利（LIBOR）を表示しています。フォワードカーブには市場参加者の将来の金利見通しが反映されているものと考えられており、つねに注視されています。

　スワップ金利は将来のLIBORの受取と等価になる固定金利として算出されます。将来のLIBORにはインプライド・フォワードレートを適用します。したがってスワップ金利を次式のように解釈することができます。

$$\text{スワップ金利} \approx \text{同じ期間のインプライド・フォワードレートの平均}$$

例えば5年のスワップ金利には5年先までのインプライド・フォワードレートの平均が織り込まれていると考えることができます。この関係式の正確な記述についても [10]、[18] などを参照してください。

通貨スワップ

　通貨スワップはある期間、異なる通貨間の金利を交換する契約で、取引開始日と終了日に元本交換を行います。変動金利と変動金利を交換する場合はそれぞれの通貨のLIBORが基準になります。図5.11.5は米ドルを対象とした2年の通貨スワップのキャッシュフローの例を示したものです。これはドルと円の変動金利同士の交換ですが、それぞれの通貨での金利スワップを組み合わせれば、変動と固定や固定と固定の金利交換も可能です。

　とくに元本交換を伴わない通貨スワップをクーポン・スワップといいます。図5.11.6は米国国債を購入し、ドル固定金利と円固定金利のクーポン・スワップを取引した場合のキャッシュフローです。この結果、受取金利だけが円の固定金利になり、満期に米国債の元本がドル建てで償還されます。これはリバース・デュアル・カレンシー債と呼ばれる仕組債と同じキャッシュフローです。

金利スワップや通貨スワップは市場リスクのヘッジに利用されるデリバティブで、ほかには信用リスクをヘッジするクレジット・デフォルト・スワッ

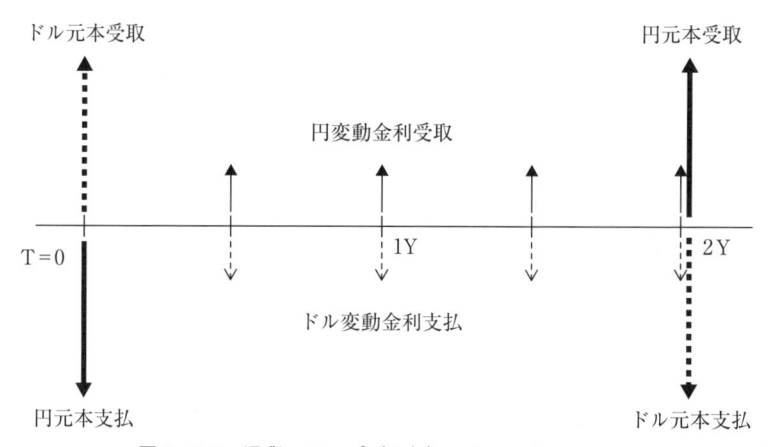

図5.11.5　通貨スワップ（2年）のキャッシュフロー

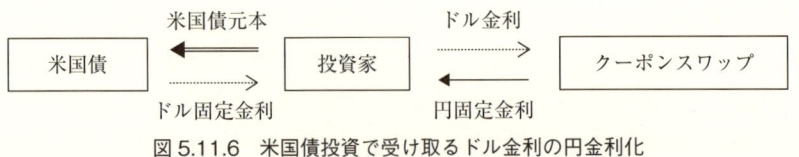

```
米国債 ←米国債元本— 投資家 ←ドル金利— クーポンスワップ
       —ドル固定金利→      —円固定金利→
```

図 5.11.6　米国債投資で受け取るドル金利の円金利化

プがあります。これについては次節で説明します。

5.12　クレジット・デフォルト・スワップ

クレジット・デフォルト・スワップ（Credit Default Swap, CDS）とは社債や債権などの信用リスクを交換する相対取引のデリバティブです。CDSの対象となる信用イベントは発行体の破綻や元利支払の不履行に加えリストラクチャリングが含まれる場合もあります。リストラクチャリングとは利率の減免や返済期限の延長など、当初の負債契約を変更することを指します。信用リスクを回避する側を CDS の買い（プロテクションの買い）といい、そのリスクを取る側を CDS の売り（プロテクションの売り）といいます。

CDS の買い手は売り手に一定の保証料（プレミアム）を支払い続け、参照する債券がデフォルトしたときには予め決めておいた方法で損失を補償してもらえます。元本の移動はなく、利払いや損失補償の額は想定元本を元に計算します。CDS の売り手は元本投資なしでプレミアムを受け取ることができ、契約期間内にデフォルトがなければそのプレミアムが利益です。CDS の売り手はプレミアムを受け取り、参照発行体が破綻したときに損失を補償するので、保険会社のような立場になります。

デフォルト時の補償方法にはいくつかの方法があります。フィジカルセトルとは対象債券と額面金額を交換する方法です。デフォルト後の投資資金の回収には時間がかかり、その金額もすぐには決まらないので、債券と交換で額面金

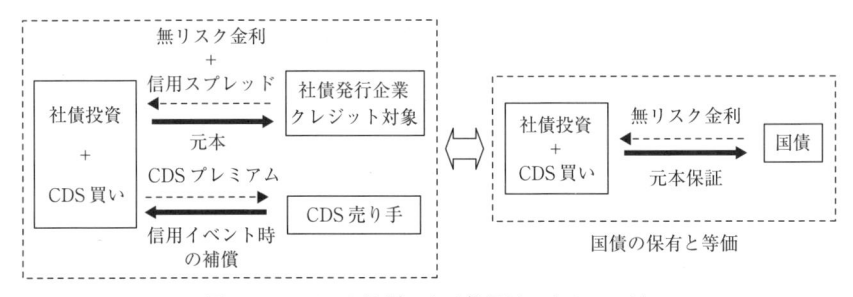

図5.12.1 CDS取引による信用リスクのヘッジ

額を受け取ればCDSの契約履行が簡単に行えることになります。ほかには破綻後に第3者機関がCDSの清算金額を決定する方法もあります[8]。CDSプレミアムは信用スプレッドと密接な関係があり、ここでは4.4節の方法で信用スプレッドがわかっているとしてCDSプレミアムを求める方法を説明します。

ある債券を買い、その債券のCDSを買うポートフォリオを考えてみましょう。図5.12.1のように、もし債券がデフォルトしても損失をCDSの売り手から補償してもらえるので、このポートフォリオは無リスク債券（国債）と同じです。債券の利回りからCDSプレミアムを差引いた残りが無リスク金利より低いなら、国債を買ったほうが有利です。CDSプレミアムが次式の条件を満たさないと、このポートフォリオを保有するメリットがありません。

$$債券利回り - CDSプレミアム \geq 無リスク金利 \quad （CDS買手の要求）$$

また信用スプレッドは債券利回りと無リスク金利の差なので、上の関係を次で表すことができます。

$$CDSプレミアム \leq 債券利回り - 無リスク金利 = 信用スプレッド \quad (5.21)$$

4.4節の議論で、信用スプレッドの受取の期待値は元本損失のリスクの期待

値に等しいことがわかっています。CDS の売り手は元本損失のリスクを負っているので、CDS プレミアムが信用スプレッドより低いと売り手としてのメリットがないので、次が成立します。

$$\text{CDS のプレミアム} \geq \text{信用スプレッド} \quad \text{(売手の要求)}$$

(5.21) 式と組み合わせると、売り手と買い手の要求は

$$\text{CDS のプレミアム} = \text{信用スプレッド} \quad (5.22)$$

のときに均衡します。しかし、実際に取引されている CDS プレミアムと信用スプレッドは乖離していることが知られています[9]。CDS の売り手は元本投資なしでプレミアムを受け取れるので、CDS の売りは投資目的としても取引されます。また 4.4 節で説明したように、プレミアムとデフォルトによる損失の関係はそれぞれの期待値が等しいにすぎないので注意が必要です。

表 5.12.1 主な国の CDS の保証料率
(%)

日本	0.86
米国	0.51
ドイツ	0.60
スペイン	2.97
ポルトガル	4.84
アイルランド	6.29

2011/1/18 終値
データ元：日本経済新聞 2011/1/20

本書では国債を無リスク債券として扱っていますが、厳密には無リスクではありません。海外市場では各国の国債の CDS が取引されています。表 5.12.1 は各国の CDS プレミアムを示しています。この時点では日本国債の CDS プレミアムが 0.86% と、米国やドイツよりも高いことがわかります。

5.13 オプション

オプションとは将来の特定の日（満期日、権利行使日）にある証券（あるいは資産）の価格と、予め決められた価格（ストライク、権利行使価格）でその証券を売買できる権利のことです。取引の対象になる証券を原資産といい、権利行使価格で買える権利をコールオプション、売れる権利をプットオプションといいます。まずコールオプションを次の例で説明します。

例 5.13.1 A 社の株価が現在 1,000 円とし、配当はないものとします。この株式を原資産とする満期日が 1 カ月後でストライクが 1,100 円のコールオプションを買ったとします。1 カ月後の株価が 1,200 円ならオプションを行使し、1,100 円で A 社株を買います。この株を市場で 1,200 円で売れば差額の 1200 − 1100 = 100 円が利益です。逆に満期日の株価が 1,100 円以下なら市場で A 社株を買ったほうが安いので、このオプションを行使しないで放棄します。図 5.13.1 はこの 2 つのパターンを表しています。

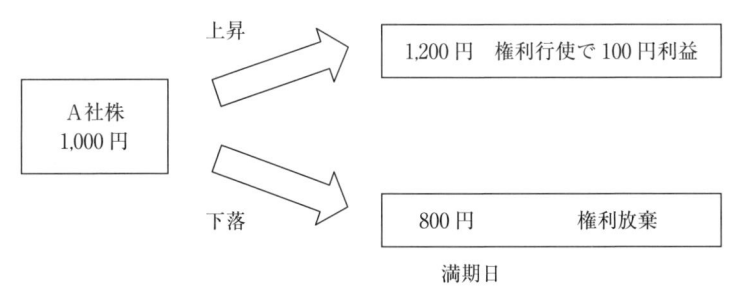

図 5.13.1　ストライク 1,100 円のコールオプション

この例からオプションの買い手にとってコールオプションは「原資産価格がストライクより高い場合にその差額を受け取れる権利」と等価であることがわかります。逆に売り手はその差額を支払わされる義務があります。したがって満期日の価値は次の受払（ペイオフ）と等価です。

$$買い手のペイオフ = \max(満期日の原資産価格 - ストライク, 0)$$

売り手はペイオフが逆になるので、上式をマイナス符号にしたものになります。

$$売り手のペイオフ = -\max(満期日の原資産価格 - ストライク, 0)$$

図 5.13.2 はコールオプションの買い手と売り手のペイオフを表しています。次はプットオプションの取引例です。

例 5.13.2 A 社の株価が現在 1,000 円とし、満期日は 1 カ月後でストライク 900 円のプットオプションを買ったとします。1 カ月後の株価が 700 円に下がっていれば市場で 700 円で A 社株を買い、オプション行使によって 900 円で A 社株を売れば 200 円の利益が確定します。1 カ月後の株価が 900 円

コールオプション買いのペイオフ　　　コールオプション売りのペイオフ

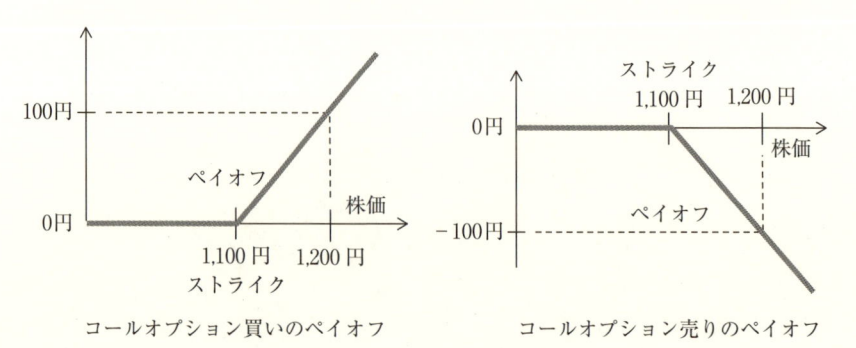

図 5.13.2　コールオプションのペイオフ

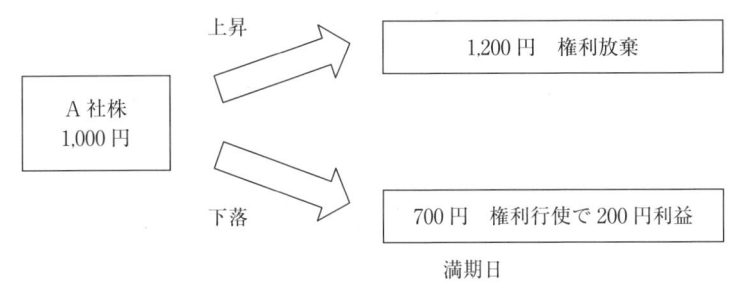

図 5.13.3　ストライク 900 円のプットオプション

以上なら、市場で A 社株を売ったほうが有利なので、このオプションを行使しないで放棄します。図 5.13.3 はこの様子を表したものです。

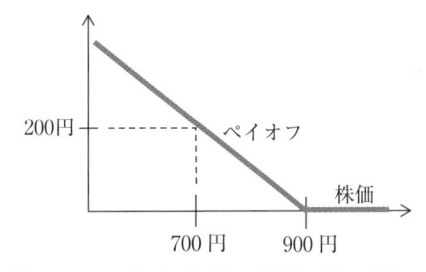

図 5.13.4　プットオプション買いのペイオフ

オプションの買い手にとってプットオプションは、「原資産価格がストライクより安いとき、その差額を受け取れる権利」と同じで、売り手はその差額を支払う義務があります。その結果、満期日のペイオフは次で与えられます。

買い手のペイオフ = max(ストライク − 満期日の原資産価格, 0)

図 5.13.4 にこの様子を表します。売り手はペイオフが上の逆です。

売り手のペイオフ = − max(ストライク − 満期日の原資産価格, 0)

図 5.13.5 はコールオプションとプットオプションの買い手のペイオフを表しています。オプションの買い手からみて、原資産価格が上昇したときに受取があ

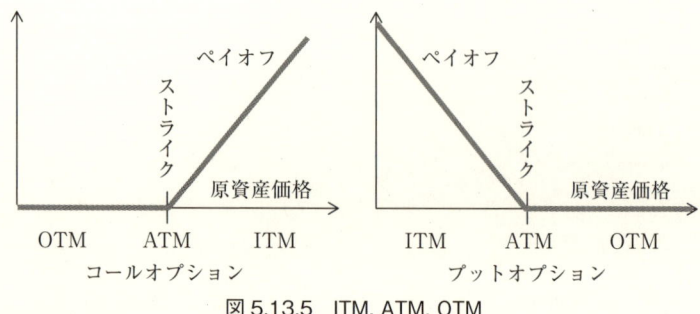

図5.13.5　ITM, ATM, OTM

るものがコールオプション、値下がりしたときに受取があるものがプットオプションです。先物・先渡は自分の有利不利にかかわらず契約を実行しなければなりませんが、オプションは自分に不利なときには取引を放棄できます。自分に有利なときだけ実行できるので契約ではなくオプション（権利）というのです。オプションの買い手からみて受取がある場合をインザマネー（ITM, In the Money)、受取がない場合をアウトオブザマネー（OTM, Out of the Money)、ストライクと原資産価格が等しい場合をアットザマネー（ATM, At the Money）といいます。図5.13.5に記したように、コールオプションでは原資産価格がストライクより高いときがITM、低いときがOTMです。プットの場合は逆になります。

　オプションの買い手にはペイオフを受け取る権利があり、その対価がオプション価格（プレミアム）です。オプションの買い手は始めにプレミアムを支払えばその後の支払いはなく、満期日にITMになっていればペイオフを受け取ります。売り手は始めにプレミアムを受け取れますが、ペイオフが無制限に増えることがあるので、オプションの売りポジションは非常にリスクが高いといえます。表5.13.1はこの関係をまとめたものです。

　オプションは権利行使日の形態によっていくつかのタイプに分類されます。権利行使日が1回のものをヨーロピアンオプションといいます。日経平均株価を原資産とする日経225オプションがヨーロピアンオプションの例です。

表 5.13.1　オプション買い手売り手の受払

	支払	受取
オプション買い手	プレミアムのみ	ペイオフ（無制限）
オプション売り手	ペイオフ（無制限）	プレミアムのみ

いつでも権利行使ができるものをアメリカンオプションといいます。債券先物価格を原資産とする債券先物オプションはアメリカンオプションの例です。また転換社債にもアメリカンオプションが含まれています。これについては5.15節で簡単に説明します。アメリカンとヨーロピアンの中間の、権利行使日が数回あるものはバミューダンオプションといいます。この例は期限前償還条項付債券（コーラブル債）にみることができます。コーラブル債は満期日より前の利払い日に元本のすべて（あるいは一部）が償還される可能性のある債券で、普通の債券に期限前償還のオプションが組み込まれているからです。期限前償還の判定タイミングが複数回あるものはバミューダンオプションが含まれていることになります。

オプションの価格付け理論はオプション売り手の立場で構築されていて、本書では扱いませんが、興味のある人は [18]、[23]、[24] などを参照してください。本書では投資家の観点でオプションの利用やオプションの組み込まれた金融商品のリスク分析をします。

5.14　プットオプションによるリスクヘッジとその効果

この節ではプットオプションで保有株式の価格下落をヘッジするときの効果を分析します。例えば、株価 1,000 円の A 社株を 1 株持っているときに、ストライク 1,000 円のプットオプションを買ったとしましょう。図 5.14.1 のように満期日の株価が 1,200 円に上がった場合、プットオプションのペイオフは

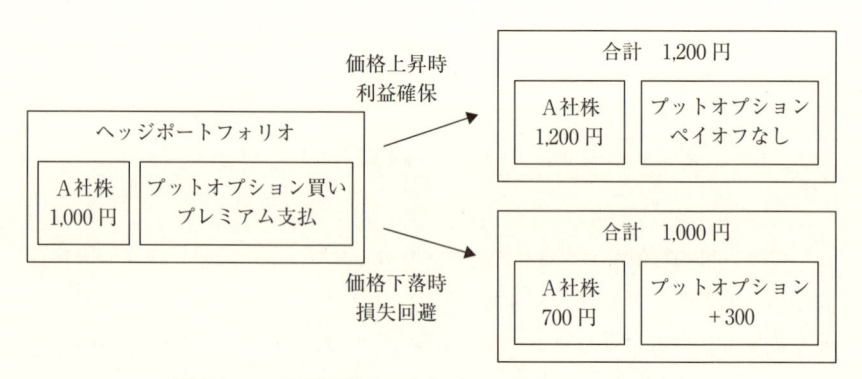

```
                        価格上昇時      合計 1,200円
                        利益確保    ┌─────────┬─────────┐
                             ↗      │ A社株   │プットオプション│
┌─────────────────────┐            │ 1,200円 │ペイオフなし  │
│   ヘッジポートフォリオ    │            └─────────┴─────────┘
│ ┌─────┬─────────┐ │
│ │ A社株 │プットオプション買い│ │
│ │1,000円│プレミアム支払  │ │
│ └─────┴─────────┘ │            合計 1,000円
└─────────────────────┘    ↘      ┌─────────┬─────────┐
                        価格下落時    │ A社株   │プットオプション│
                        損失回避    │ 700円  │  +300  │
                                  └─────────┴─────────┘
```

図 5.14.1　株価下落リスクをプットオプションでヘッジ

　ゼロですが、株価上昇によって200円の評価益を得ます。逆に株価が700円に下がった場合は300円の評価損ですが、プットのペイオフによって300円受け取るので評価損が相殺されます。

　先物でヘッジした場合は原資産価格が上がる場合の収益を得ることができませんが、プットオプションでヘッジすると原資産価格上昇時の収益を享受できる点が先物との大きな違いです。つまり資産価格の下落をヘッジしつつ、上昇時の利益も期待できるのがプットオプションの特長です。プットオプションを株価下落の損失を補償する保険と考えると、プレミアムは保険料のような意味を持ちます。そこでオプションと保険の違いについて考えてみます。ペイオフを比較すると、保険は受けた損害の大きさによって保険金が支払われますが、オプションは原資産の変動によってペイオフが決まります。株式のプットオプションの買い手はその株式を持っていなくても株価が下落すればペイオフを受け取れます。この点が最も重要な違いで、表5.14.1にこの関係をまとめておきます。

　投資家がオプションを買ってリスクヘッジをする場合の効果は、オプションのペイオフと株価の価格を合算し、プレミアムコストを引いて比較するとわかりやすくなります。図5.14.2はその場合の収益曲線を表したものです。この特

表 5.14.1　オプションと保険の比較

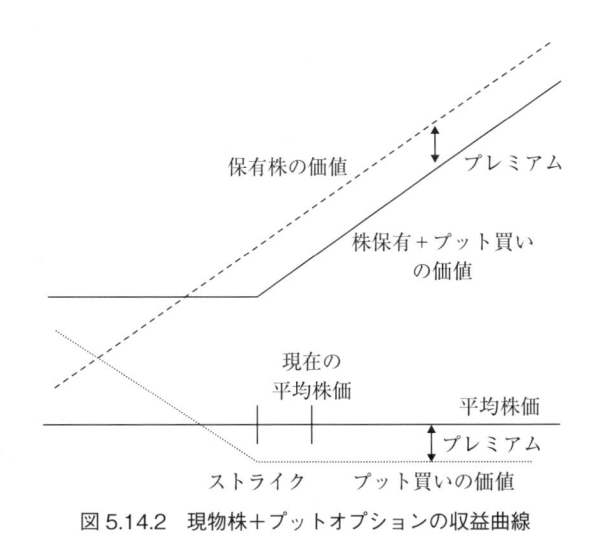

	プットオプション	保険
支払	対象とする事象の大きさに応じた補償	受けた損害に応じた補償
オプション価格(保険料)の根拠	ヘッジコスト	イベントが起きる確率×損害額

図 5.14.2　現物株＋プットオプションの収益曲線

性をみるために、前節の例 5.13.2 で、プットオプションのストライクを変えるとヘッジの効果がどうなるかを考えてみましょう。満期日が 1 カ月後の A 社株のプットオプションの価格が表 5.14.2 のようになっているとします。プットの場合はストライクが高いほどオプション価格は高くなります。A 社の株価は 1,000 円なので、ストライク 900 円のオプションを買った場合はプレミアム 50 円を払い、保有ポートフォリオの価値は

$$A 社株価 - 50 = 950 \quad (円)$$

表 5.14.2　ストライクとプットオプション価格の例　（円）

ストライク	プットオプション価格
700	12
800	25
900	50
1,000	100

に下がります。満期日の株価が 900 円以下のときはオプション行使によって、(900 - A 社株価) 円を受け取れます。結果として保有資産は

$$A 社株価 + (900 - A 社株価) - 50 = 900 - 50 = 850 \quad （円）$$

になり、A 社の株価がいくら下がってもポートフォリオの価値は 850 円以下には下がりません。株価が 900 円以上の場合は

$$A 社株価 - 50 = 850 \quad （円）$$

になり、全体としては、図 5.14.3 の太い実線のようなヘッジ効果を得ることになります。

　ストライク 800 円のプットオプションを買った場合、その価格は 25 円なので、保有ポートフォリオの価値は 975 円になります。そして満期日の株価が 800 円以下の場合は上と同じ計算で 800 - 25 = 775 円の価値になります。これを図 5.14.3 の中間の太さの実線で表します。同様に、ストライク 700 円のプットオプションは 12 円なので、保有ポートフォリオの価値は 988 円になります。そして満期日の株価が 700 円以下の場合は 700 - 12 = 688 円の価値になります。これを図 5.14.3 の細い実線で表します。

　これらの 3 ケースを比べると、ストライクが高いと株価下落時のヘッジ効

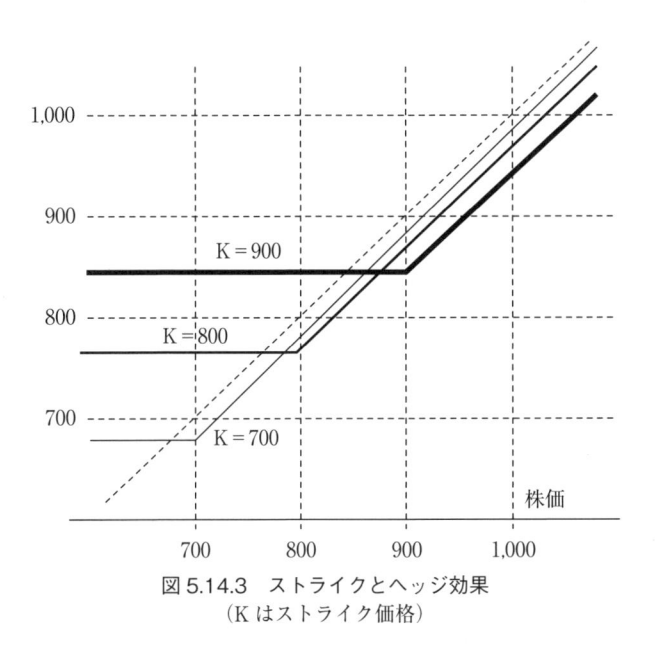

第 5 章　債券投資に関連するデリバティブ　105

図 5.14.3　ストライクとヘッジ効果
（K はストライク価格）

果は大きいのですが、株価が大きく下がらなかった場合にはヘッジコストが高くついてしまいます。逆にストライクが低いとヘッジ効果が弱いものの、ヘッジコストは安く済みます。

　次にどのストライクのオプションを買ってヘッジするかを考えてみましょう。その観点で表 5.14.2 のストライクと価格の関係をじっくり観察すると、どのストライクでもヘッジ効果に応じたオプション価格の関係になっているようにみえます。つまりあきらかに割安なストライクも割高なストライクも存在しないのです。このように、ストライクとオプション価格には整合的な価格関係が形成されます。

5.15 オプションが組み込まれた債券

公募債にはオプションが組み込まれているものがあります。例えば5.13節で述べたコーラブル債は発行体の都合で早期償還が行われることがあります。これは発行体が期限前償還をするオプションを持っていることになるので、投資家からみると、通常の債券に期限前償還オプションの売りが組み合わされたものになっています。

$$コーラブル債＝債券＋期限前償還オプションの売り$$

このオプションのプレミアムは債券のクーポンに含まれているので、コーラブル債の利率は通常の債券より利回りが高くなっています。

転換社債は発行体企業の株式をある価格で債券から株式に転換できる債券です。これは債券を額面金額で売ってその資金で株式をある価格で買えることと等価なので、コールオプションが含まれています。したがって投資家からみると、転換社債は普通社債に株式のコールオプションの買いの組合わせです。

$$転換社債＝普通社債＋株式のコールオプションの買い$$

株式への転換はいつでもできるので、転換社債に含まれているオプションはアメリカンタイプです。投資家はオプションプレミアムを払う立場なので転換社債の利率は普通社債の利率からオプションプレミアムを差し引いたものになります。

仕組債とはデリバティブが組み込まれた債券のことで、私募債に多くみられます。5.11節で触れたデュアルカレンシー債は通貨スワップが組み込まれた仕

組債の例です。オプションが組み込まれた仕組債もさまざまなタイプのものが発行されています。ここではプットオプションが組み込まれている例として、他社株転換債（EB債、Exchangeable bond）の構造とリスク特性を分析します。他社株転換債にはいくつかのタイプがありますが、次の例は転換の期日が満期日に1回あるヨーロピアンタイプです。

例 5.15.1 満期が1年で額面金額が1,000円、利率5%の他社株転換債を考えます。この債券はA社が発行するものとします。図5.15.1のように、A社が満期までにデフォルトすると元本や利子の損失が生じます。この債券の発行時点でB社の株価は1,200円とし、1年後の満期日に株価が1,000円以下の場合は利子とB社株を受け取ります。

株式に転換される価格の1,000円を転換価格といいます。発行体は十分信用力が高い場合が一般的ですが、まったくの無リスクではありません。したがってこの債券にはA社（発行体）の信用リスクとB社の株価リスクによる元本毀損リスクがあります。この債券の基本資産はA社の普通社債と考えることができます。B社の株価が1,000円以下に下がると株で償還されるということは、1,000円以下の株を1,000円で買わされることと同じです。つまりB社株を原資産とするストライク1,000円のプットオプションを売っている状態です。したがって投資家からみると、この債券はA社の社債にB社のプットオプショ

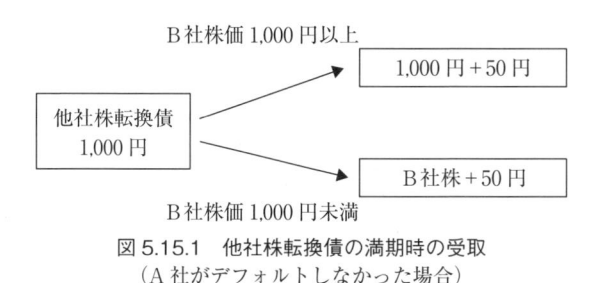

図5.15.1 他社株転換債の満期時の受取
（A社がデフォルトしなかった場合）

ン売りが組み込まれたものと等価です。この様子を図5.15.2に示します。このことからA社債のクーポンにプットオプションのプレミアムを加えて5%の高利率が実現されるわけです。

他社株転換債の利率＝A社債の利率＋B社株プットオプションのプレミアム

　A社の信用力が十分高いとしても株価の変動は大きいので、株式に転換される可能性は十分現実的です。したがってこの債券のリスクはA社の信用リスクとB社株保有の和で表されます。

他社株転換債のリスク＝債券の信用リスク＋株価リスク

　図5.15.3はB社株価に対する満期日の他社株転換債の価値を表したものです。この図から満期日以前の価格変動の性状を考えてみましょう。B社の株価が低いときは株式で償還されるリスクが高まり、株価と同じように債券の価格が変動し、株価感応度は大きくなります。逆に株価が高いときは額面金額で償還される可能性が高まり、株価変動に対する債券の価格変化は鈍くなります。

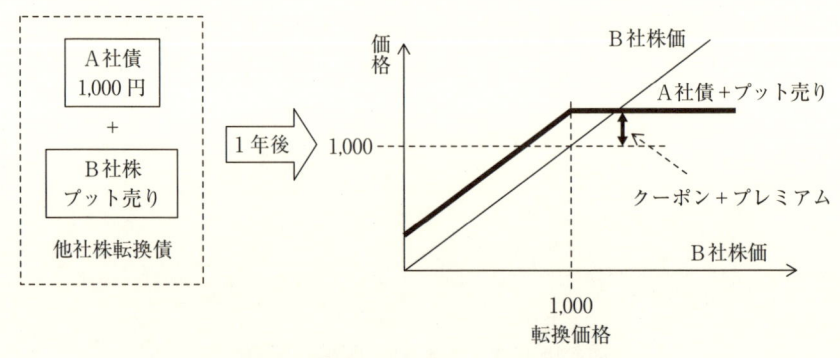

図5.15.2　社債＋プット売りの満期での価値

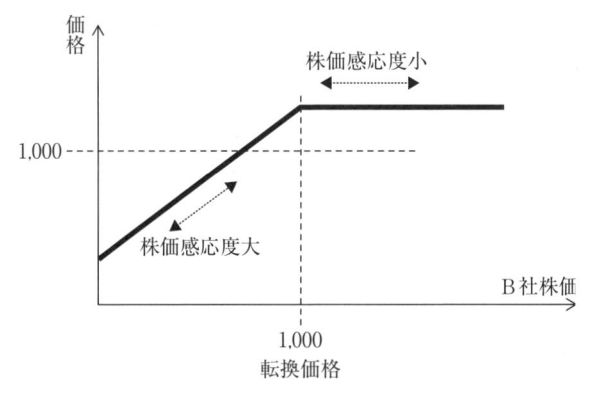

第 5 章　債券投資に関連するデリバティブ　109

図 5.15.3　他社株転換債の株価感応度

したがって株価感応度は低くなります。

　転換価格は発行時の B 社株価より十分低く設定されていることが普通なので、発行時における株価感応度は低い値を示します。株価感応度ではこの債券に潜む本来のリスクを十分に反映できません。最近では金融商品が多様化し、この例のように価格感応度の非線形性が強い仕組債が増えてきています。価格感応度はそのような債券のリスクを反映できないという点に注意が必要です。

[注]
1)　金利スワップ先物は 2003 年 5 月に国内で上場しましたが 2007 年 3 月に上場を休止しています。
2)　取引の詳細は先物の種類や口座の管理会社によって異なります。
3)　具体的な手続きの詳細は証券会社によって異なります。2011 年 3 月 11 日の東北地方太平洋沖地震では日経平均が 3 月 11 日の終値 1 万 254.43 円から 3 月 15 日終値 8,605.15 円まで、2 営業日で 1,600 円強値下がりし、先物取引で証拠金以上の損失が広がったことが報じられています。
4)　この性質については 5.7 節で説明します。

5) 実際の価格の決定要因については次節で分析します。
6) 例えば［22］などに厳密な説明があります。
7) フォワードスワップ金利は［10］、［18］などに説明があります。
8) 国内では2011年7月から日本証券クリアリング機構がCDSの清算業務を開始しました。
9) 国内の市場分析の例としては［25］、［27］などの報告があります。

第6章

不確実性とリスク

　前章までの議論ではリスクを測る尺度に価格感応度を使ってきました。価格感応度はあるリスクファクターの価格が変動したときに債券価格がいくら変化するかをみる尺度です。これは金融商品がもつリスクの大きさを相対的に比較することには利用できますが、金融商品やポートフォリオの価格がどの程度下落しそうかまではわかりません。金融商品の価格が下落するリスクの評価には確率論的な手法を使います。この章では確率論の概念を使うリスクの評価法とその応用について説明します。

6.1　煙突の煙と証券の価格挙動

　この節では確率論の基礎概念を思い出しながら、証券の価格変動の不確実性を確率論的に扱う考え方を説明します。
　確率変数とは、ある不確実な現象を観測したときの結果を表す変数のことです。確率変数がある値を取る確率を表した関数を確率分布といいます。
　歩きながらコインを投げ、表がでれば右に進み、裏が出れば左に進む動きをランダムウォークといいます。これは酔っ払いの千鳥足に似ていることから

酔歩とも呼ばれます。ブラウン運動はランダムウォークをさらに小刻みにし、無限小のギザギザな足跡を残す不確実な運動のことです。図 6.1.1 はランダムウォークとブラウン運動の軌跡を直観的なイメージで表したものです。

煙突からたなびく煙は無数の細かい粒子から成り立っていますが、その粒子の揺らぎはブラウン運動の例にたとえられます。図 6.1.2 のように煙突の煙が水平にたなびいている様子を想像してみましょう。図の中の矢印のように、煙の中の粒子は不確実に上下に揺らぎながら風下に流れていきます。煙の色の濃

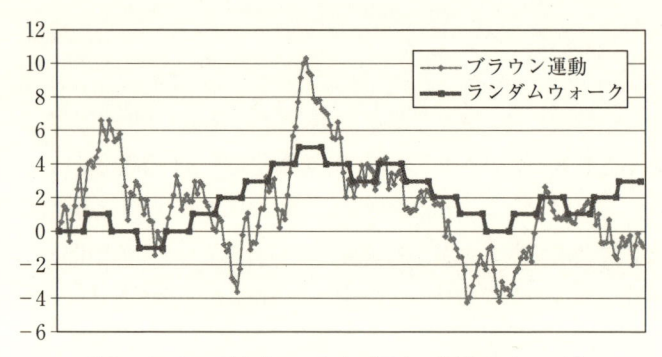

図 6.1.1　ランダムウォークとブラウン運動のイメージ

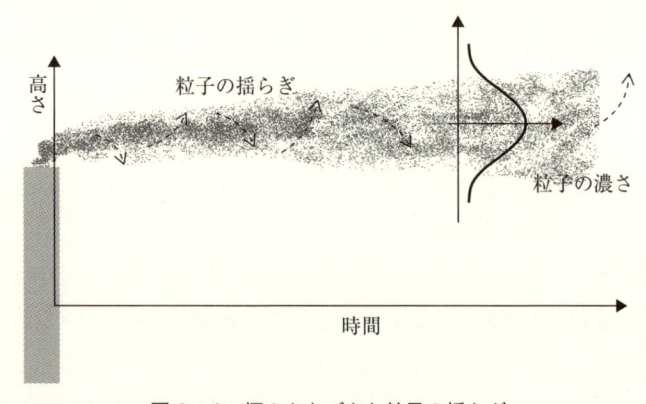

図 6.1.2　煙のたなびきと粒子の揺らぎ

さは粒子の密度を表しています。風下に流れていくに従って煙の幅が広がり色が薄くなるのは、粒子が時間とともに広がっていく様子を表します。煙が煙突から出て、ある時間がたったところでの煙の幅は概ね$\sqrt{時間}$の割合で広くなります。ブラウン運動の場合もある時間が経過したとき、その分布の標準偏差は$\sqrt{時間}$の割合で大きくなります。この性質の背景については付録の7.1節に説明を補足しておきます。

証券の価格挙動も不確実なので確率変数として考えることができ、その挙動を煙の中の粒子の運動に例えることができます。このとき煙突からの距離は時間、粒子の高さは証券の価格に対応します。したがって煙の濃さと広がりは各時間における証券の価格の確率分布と考えることができます。図6.1.3はこの様子を表したもので、証券の価格分布も標準偏差が$\sqrt{時間}$の割合で大きくなると考えます。

$$ある時間経過後の証券価格の標準偏差 = 定数 \times \sqrt{時間} \tag{6.1}$$

これを一般性のある議論として展開するために、変化率（収益率）という概念を定義します。ある証券の今日の価格と一定期間後の価格変化との比を変化率と

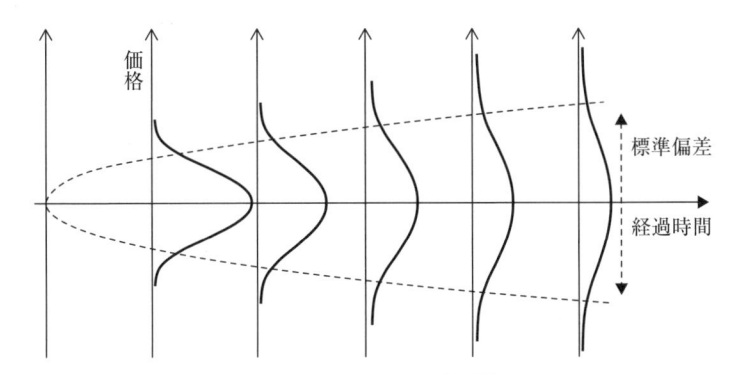

図6.1.3　証券の価格分布の標準偏差は$\sqrt{時間}$の割合で大きくなる

いいます。例えば100円の証券が120円に値上がりしたときの変化率は＋20％です。変化率を式で表すと次のようになります。

$$\text{価格の変化率} = \frac{\text{一定期間における価格変化}}{\text{当初の価格}}$$

変化率がいくらになるかは予測できない事象なので、これを確率変数として扱います。このとき (6.1) 式と同様に次が成り立つと考えます。

$$\text{ある時間経過後の証券価格の変化率の標準偏差} = \text{定数} \times \sqrt{\text{時間}} \qquad (6.2)$$

正確には (6.1) 式と (6.2) 式は、それぞれ価格と変化率を表しているので意味が違います。本書では変化率の標準偏差を扱うので、(6.2) 式が成り立つものと仮定して話を進めます。

6.2 価格変動の不確実性とボラティリティ

ある日のA社とB社の株価がそれぞれ100円と1,000円とします。翌日、A社株は90円に値下がりし、B社株は900円に値下がりしたとします。価格変動でみるとA社株は10円、B社株は100円の値下がりですが、B社のほうがリスクが大きいことにはなりません。変化量を割合でみればどちらも10％の値下がりなので、両社の株式に内在するリスクの大きさは同程度と考えたほうが合理的です。このことから資産価格の変動の大きさをみる場合は、価格そのものの変化ではなく変化率に注目します。

過去の日々の変化率からその頻度分布（ヒストグラム）を求めれば、それを変化率の確率分布の表れとみることができます。(6.2) 式の仮定から t 年経過後の変化率の標準偏差は $\{\text{定数} \times \sqrt{t}\}$ で表され、この定数をボラティリティと

いいます。つまり

$$t\text{年経過後の変化率の標準偏差} = \text{ボラティリティ} \times \sqrt{t}$$

と表すことができます。$t=1$ とおけば1年経過後の価格変化率を意味し、次が成り立ちます。

$$1\text{年経過後の変化率の標準偏差} = \text{ボラティリティ}$$

したがってボラティリティは証券の価格が1年でどの程度変動するかを表す尺度の意味を持ちます。

　図6.2.1は1991年1月から2009年10月の日経平均株価指数の1年あたりの変化率のヒストグラムです。この例ではボラティリティが22.6%で、このことから日経平均の価格変動は1年間でおよそプラスマイナス2割程度と見積もることもできます。仮にボラティリティが45%の証券があれば、これは日経平均の約2倍の価格変動があることになり、リスクは日経平均の約2倍大きいと考えることができます。この意味でボラティリティは証券のリスク尺度にな

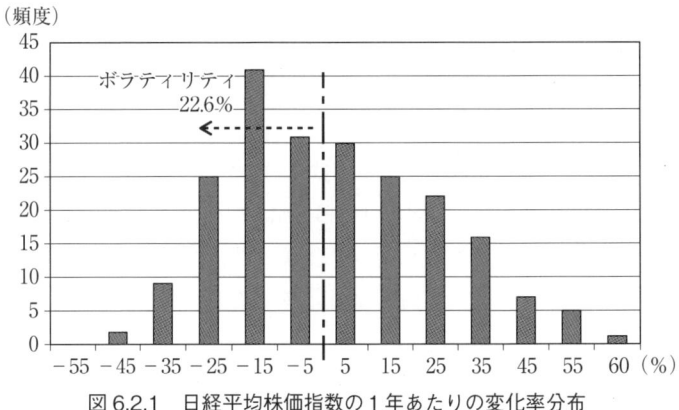

図6.2.1　日経平均株価指数の1年あたりの変化率分布

ります。

　価格感応度は個々の証券に固有のリスク指標ですが、ボラティリティは観測期間や分析方法によって値が異なります。市場が荒れているときのボラティリティは大きく、落ち着いているときは小さくなります。またボラティリティは過去の結果から導かれたものなので、将来の変動性を保証するものではありません。実際の市場データからボラティリティを推定する簡単な計算方法は付録に載せておきます。

6.3　分散投資の効果

　投資家が保有している株式や債券などの有価証券類の全体をポートフォリオといいます。ポートフォリオのリスクとリターンの関係を向上させる方法論はポートフォリオ理論としてよく知られています。そのリスク尺度にはボラティリティが使われ、リスクを低減させる基本的な方法は分散投資です。分散投資の効果を議論する前に、確率変数の独立と相関の概念を思い出しておきましょう。2つの確率変数が独立とは片方の事象が他方の事象に影響しないということです。例えば、東京が雨でもニューヨークが雨とは限りません。したがって東京の天気とニューヨークの天気は独立です。しかし、東京とニューヨークの株価変動には連動性があるのでこれらは独立ではありません。

　次に相関について簡単に説明しておきます。2つの証券AとBについて、AとBが同じような価格変動をする場合はAとBは順相関（正相関、強相関）の関係にあるといいます。毎日のAとBの価格変化率を測り、それぞれを横軸縦軸にとり散布図で表すと順相関の場合は、図6.3.1の左側のグラフのような価格関係を示します。同じ業種の会社は株価変動の性状が似ていることが多く、順相関の例として知られています。

　A、Bの価格変動にあまり関連性がない場合は相関が弱いといい、まった

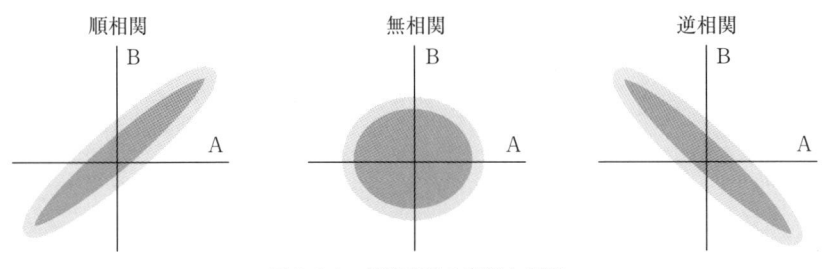

図 6.3.1　価格変動の関係と相関

く関連性がないときは無相関といいます。このときの価格変化率の散布図は図 6.3.1 の中央のグラフのようになります。A と B が互いに逆の価格変動をする傾向がある場合は逆相関といい、図 6.3.1 の右側のグラフのようになります。例えば、国債の価格と株価は逆に動く傾向があり、逆相関の例としてよく知られています。相関係数とはこの相関の強さを表す尺度のことで、標準的な確率統計の教科書に出てくる概念です。相関係数は $+1$ が最大で、このときは完全な順相関です。相関係数が -1 のときは最小で、この場合は完全な逆相関です。そして 0 のときは無相関を意味します。

例 6.3.1　図 6.3.2 にパナソニック、ソニー、東京電力のある期間の株価を示しました。2007 年末の価格を 100 として 2009 年 10 月 19 日までの価格推移を示します。これをみるとパナソニックとソニーはよく似た動きをしていますが、東京電力は他の 2 社と無関係に変動しているようにみえます。図 6.3.3 はこれらの相関係数を表したものです。パナソニックとソニーの相関係数は 0.97 で $+1$ に近いことから、完全な順相関に近いことがわかります。また東京電力とパナソニックの相関係数は 0.30 なので相関は弱く、東京電力とソニーの相関係数は 0.20 なので無相関に近いといえます。

無相関と独立は似た概念ですが、同じではありません。独立なら無相関です

118

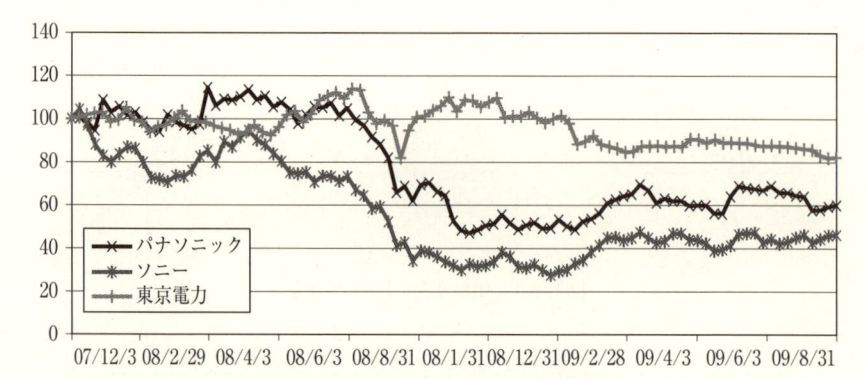

図 6.3.2　国内企業 3 社の株価挙動
データ元：Yahoo! ファイナンス HP

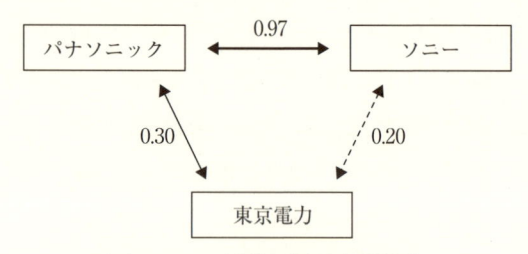

図 6.3.3　3 社間の株価の相関係数

が、逆は一般には成り立ちません。したがって独立のほうが無相関より強い概念です。2 つの確率変数がある条件を満たす正規分布に従う場合は、それらが無相関のときに独立であることが知られています。詳しくは確率統計の標準的な教科書、例えば [8]、[12] などを参照してください。

　次に相関とリスクの関係を簡単な数値シミュレーションの例で説明します。A、B、C、D の 4 種類の証券があり、A に対して B は順相関、C は無相関、D は逆相関の関係になっているとしましょう。4 証券とも初期価格が 100 円でボラティリティは 10% とし、その後の価格変動を乱数を使って模擬的に生成したものです。図 6.3.4 はこれらの価格推移を表しています。ここで総額 100

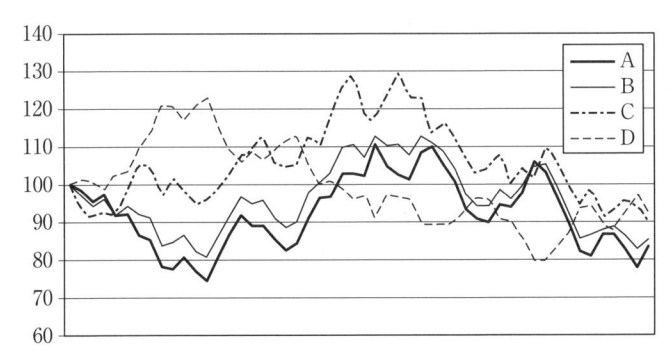

図 6.3.4　証券 A、B、C、D の価格変動

円の均等ポートフォリオを 4 種類考えます。

1) A のみのポートフォリオ（単一証券）
2) 同額の A と B からなるポートフォリオ（順相関）
3) 同額の A と C からなるポートフォリオ（無相関）
4) 同額の A と D からなるポートフォリオ（逆相関）

各ポートフォリオの価格推移を図 6.3.5 に示しました。A と B は似た値動きをするので、A 単一のケースと似た結果になります。逆に A と D は互いの値動きを相殺するので、全体として価格変動が小さくなります。したがって価格変動の大きさは

$$\{A のみ(単一銘柄)\} > \{A と B(順相関)\}$$
$$> \{A と C(無相関)\} > \{A と D(逆相関)\}$$

の順になるはずです。各ポートフォリオのボラティリティを計算した結果を表 6.3.1 に示しますが、上の大小関係が成り立っていることがわかります。これは、同じボラティリティの 2 種類の証券からなる均等なポートフォリオで

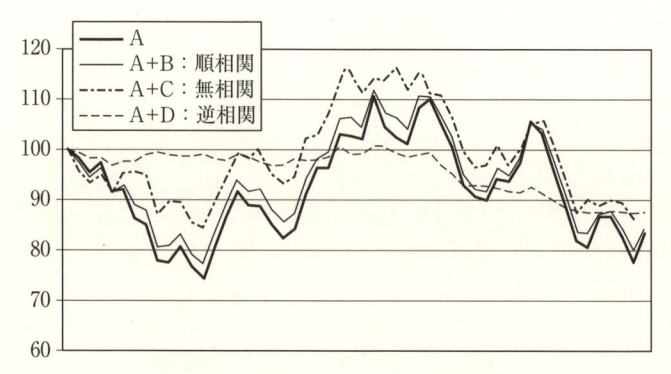

図 6.3.5　各ポートフォリオの価格変動

表 6.3.1　ポートフォリオの相関とボラティリティの関係

ポートフォリオ	相　関	ボラティリティ（%）
A		10
A＋B	順相関	8.7
A＋C	無相関	7.7
A＋D	逆相関	2.1

は、順相関のケースでリスクが最も大きく、逆相関のケースでリスクが最小になることを意味しています。

　実在する株式の中から逆相関の組合わせを見つけることは容易ではありません。ところが、互いに相関の低い証券を数多く組み合わせることはまったく不可能ではなく、この方法でもポートフォリオのボラティリティは低下します。これを確かめるために、さらに当初価格100円でボラティリティが10%の証券E、F、Gを加えて数値実験を行います。ここで、A、C、E、F、Gは互いに無相関とします。そしてAとCは図6.3.4と同じものとし、E、F、Gも乱数によって人工的に価格変動を生成します。これらの価格推移を図6.3.6に示しました。そして次の4種類の総額100円のポートフォリオを考えます。

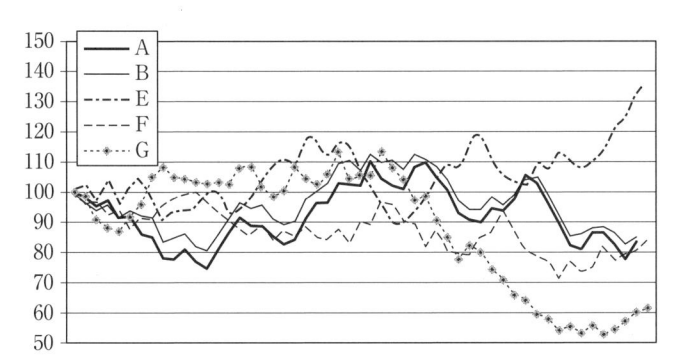

図 6.3.6　証券 A、C、E、F、G の価格変動

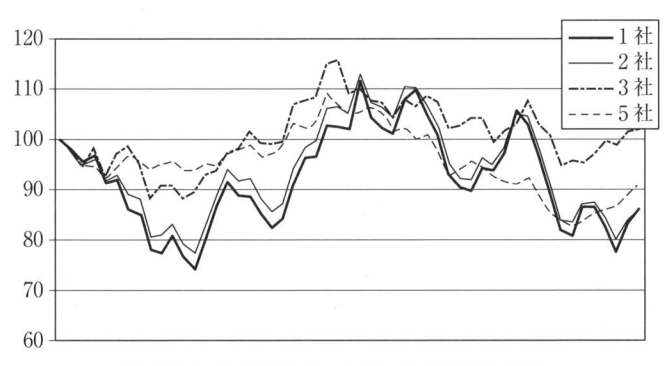

図 6.3.7　無相関なポートフォリオ総額の推移

1) A のみのポートフォリオ（1 社）
2) 同額の A と C からなるポートフォリオ（2 社）
3) 同額の A、C、E からなるポートフォリオ（3 社）
4) 同額の A、C、E、F、G からなるポートフォリオ（5 社）

　各ポートフォリオの価格推移を図 6.3.7 に示しました。この図ではポートフォリオの社数が多いほど価格変動が小さくなる傾向が見られます。表 6.3.2 は各ケースのボラティリティを計算したもので、社数の増加によってボラティリ

表 6.3.2 完全に無相関なポートフォリオの社数とボラティリティの関係の例

社　数	ボラティリティ (%)
1	10
2	7.7
3	5.8
5	4.5

ティが低下する様子がわかります。これは無相関の複数の証券をもつことでリスクを低減できることを表しているのです。相関の弱い数多くの証券をもつことを分散投資といい、個々の証券の価格変動があってもポートフォリオ全体の価格変動リスクを低減する方法として、実際の運用に利用されている考え方です。

6.4　コイン投げゲームとリスク分散

　前節では、無相関な証券の数を増やすとポートフォリオのリスクが低下する性質を数値実験で示しました。次にその性質の理論的な背景をコイン投げゲームの例で説明します。コインを10回投げれば、表が出る回数はおよそ5回程度と察しがつきますが、実際にはちょうど5回になるとは限らずばらつきがでます。そこで実際にコインを投げる回数とその結果の関係を観察して、分散投資の観点で何が起きているかを調べてみましょう。

　はじめに1枚100円のコインを証券とみなし、コイン1枚のポートフォリオを考えます。1年後にこのコインを投げて、表が出れば価格が200円に値上がりして100円の利益、裏なら価格はゼロ円に下がって100円の損失とします。このコインの収益分布は図6.4の一番上の図で表されます。変化率はそれぞれ＋100%、－100%で、各々の確率は1/2なので変化率の分散は

$$分散 = \frac{(+100)^2}{2} + \frac{(-100)^2}{2} = 10000$$

で、標準偏差は100%です。コインの1年後の価格変化率の標準偏差が100%

ということなので、ボラティリティは100%です。

次に2枚の50円コインからなる総額100円のポートフォリオを考えます。1年後にコイン投げをして表が出れば価格が100円に上がり50円の利益、裏が出れば0円に下がって50円の損失としましょう。100円コインのときと同じ計算によって、50円コインのボラティリティも100%です。2枚のコインが裏表のどちらが出るかは互いに無関係なので、これは独立な2証券のポートフォリオになっています。表6.4.1に示したように、2枚とも表が出る確率は1/4で、裏が出る確率も1/4です。どちらかが裏で残りが表になる確率は1/2です。この場合の収益分布は図6.4.1の上から2番目の図のようになります。変化率でみると、1/4の確率で+100%、1/2の確率で0%、1/4の確率で-100%なので、変化率の分散は

$$分散 = \frac{(+100)^2}{4} + \frac{(-100)^2}{4} = 5000$$

です。したがって年率のボラティリティは$\sqrt{5000} \approx 71(\%)$になります。独立な2つの証券に分散投資することによって、ポートフォリオのボラティリティが100%から71%に低下したことがわかります。

さらに1枚25円のコイン4枚、1枚10円のコイン10枚、1枚1円のコイン100枚の3種類のポートフォリオに対して同じことを繰り返します。上と同じ計算によってコイン4枚のケースでのボラティリティは50%になります。

表6.4.1 コインの裏表が出る確率

2枚のケース

コイン1	コイン2	確率
表	表	1/4
表	裏	1/2
裏	表	
裏	裏	1/4

4枚のケース

表の枚数	裏の枚数	確率
4	0	1/16
3	1	1/4
2	2	3/8
1	3	1/4
0	4	1/16

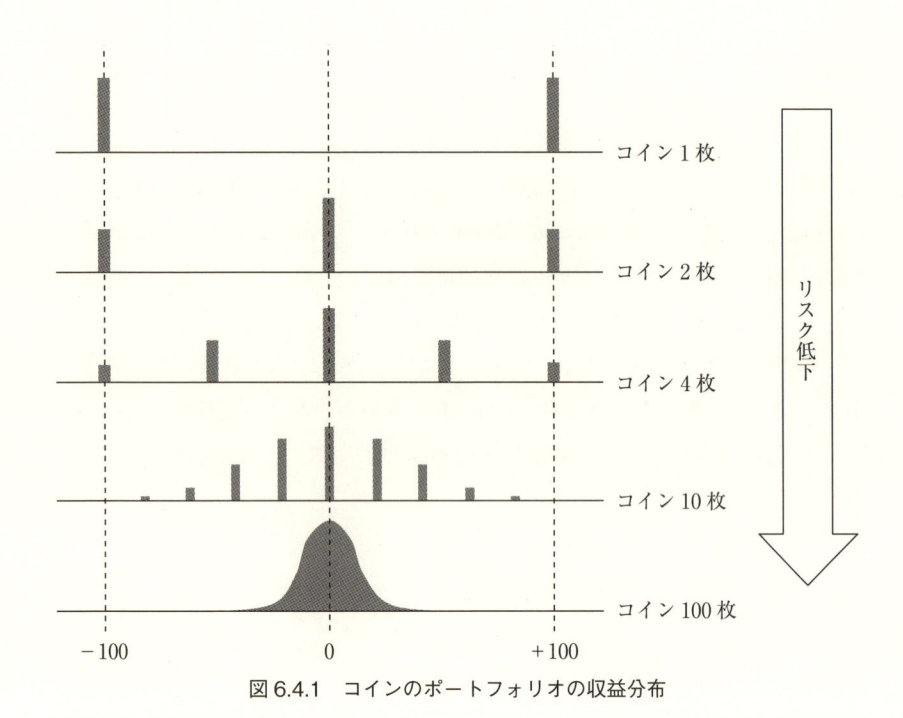

図 6.4.1　コインのポートフォリオの収益分布

コインを 10 枚、100 枚に分割したポートフォリオでは、そのボラティリティはそれぞれ 32%と 10%になります。このときの収益分布の様子を図 6.4.1 に示しておきました。

　さらに小額のコインを作り、枚数を増やしたポートフォリオを作れば、そのボラティリティがさらに低下することが想像できます。そして大数の法則によって、分割を細かくしていくとボラティリティは 0 に近づきます[1] 互いに独立な多数の証券でポートフォリオを作ると、ポートフォリオの日々の価格変動は各証券ごとにコイン投げをした結果に例えることができます。証券の価格変動が互いに独立なら、コイン投げのときのように個々の証券の損益が相殺されるので、ポートフォリオ全体のボラティリティが小さくなります。分散投資によってポートフォリオのリスクが低下する性質は大数の法則に裏付けられて

次にポートフォリオの銘柄数を増やすとボラティリティはどの程度小さくなるのかを、独立な証券の均等ポートフォリオのケースで考えてみます。簡単のためすべての証券は無配当で、価格の変化率は正規分布に従い、平均とボラティリティは等しいとします。均等なポートフォリオでは次の関係が成り立ちます。

$$\text{ポートフォリオの価格変化率} = \frac{\text{各証券の価格変化率の和}}{\text{証券の数}} \tag{6.3}$$

この式は均等ポートフォリオの価格変化率は個々の証券の価格変化率の平均に等しいこと意味しています。これは直感的に理解できると思いますが、付録の7.8節に理由を示しておきます。

(6.3) 式右辺の分布の標準偏差は正規分布の再生性（付録7.1節）から

$$\left|\frac{\text{各証券の価格変化率の和}}{\text{銘柄数}}\right|\text{の標準偏差} = \frac{\text{証券の価格変化率の標準偏差}}{\sqrt{\text{証券の数}}} \tag{6.4}$$

で表されます。この導出の過程も付録7.8節に示しておきます。この結果と (6.3) から、次を得ます。

$$\text{独立な均等ポートフォリオのボラティリティ} = \frac{\text{単一証券のボラティリティ}}{\sqrt{\text{証券の数}}} \tag{6.5}$$

独立な証券の数を増やすと、均等ポートフォリオのボラティリティが $\sqrt{\text{証券の数}}$ のオーダーで低下するわけです。

例 6.4.1 すべての株式は無配当でボラティリティは30%とし、価格変化率の平均はゼロとします。この中から独立な10銘柄の均等ポートフォリオを作ったとき、ボラティリティは $30/\sqrt{10} = 9.5\%$ に低下します。さらに銘柄

数を増やしたときの結果を表6.4.2に示します。例えば30銘柄のときのボラティリティは5.5%です。

前節でも述べましたが独立という概念は強い条件なので、独立な証券を複数集めることは現実には不可能です。実際には相関の弱い証券を多数集め、分散の効いたポートフォリオで (6.5) 式の性質を近似的に利用しているのです。

表6.4.2 無相関なポートフォリオの銘柄数とボラティリティ

（単一株式のボラティリティは30%）

銘柄数	ボラティリティ（%）
10	9.5
30	5.5
100	3
300	1.7
1,000	0.9

6.5 バリュー・アット・リスク（VaR）

社債などの信用リスク債券には金利リスクと信用リスクが含まれます。社債の金利感応度は同じ残存年数の国債の金利感応度と基本的に等しいので、金利リスクによる価格変動のボラティリティは国債と同程度であり、5年社債の場合でそのボラティリティはおよそ1%程度です。一方社債がデフォルトすると元本のほとんどを失うので、レアな事象とはいえそのインパクトは金利リスクよりはるかに大きく、社債の最も根源的なリスクといえます。しかし金利感応度やボラティリティではこのリスクを測ることができません。稀に起きるかもしれない損失の大きさ示すリスク尺度にはバリュー・アット・リスク（VaR）という概念が使われます。VaRは信用リスクだけでなく、為替や株価など市場リスクの意味での最大損失の評価にも利用されています。

　VaRの意味を証券の価格変動の例で説明します。ある証券を100円で購入し、1カ月後の価格変化を図6.5.1のように確率分布で予想します。この確率分布から、将来の価格がある価格以上（もしくは以下）である確率を推定で

きます。図の例では「価格が 98 円以上である確率は 95%」です。98 円に下がったときの損失を変化率で表すと 2%なので、「損失が 2%以内で済む確率は 95%」です。この 95%を信頼水準といい、損失の 2%のことを信頼水準 95%の VaR といいます。言い換えると「2%以上の損失が生じる確率は 5%以下」なので、VaR の値以上の損失はあまり起きないと考えることができます。このような意味で、実務では「VaR は起こり得る最大損失」と解釈されているのです。

　VaR は本来はマイナス値ですが、マイナス値で表すと言い回しが不便なので、本書では VaR をプラス値で表します。

　信頼水準には 97.5% 99%などが使われることもあります。価格変化を測る期間を保有期間といい、図 6.5.1 の例は保有期間が 1 カ月の場合を表しています。VaR の計測法にはモンテカルロ法、ヒストリカル法、分散共分散法などがあります。モンテカルロ法や分散共分散法には統計的な概念を使うので本書では省略しますが、例えば [4]、[19] に説明があります。ヒストリカル法は過去の価格データから保有期間の間での価格の変化率を計算し、VaR を算出

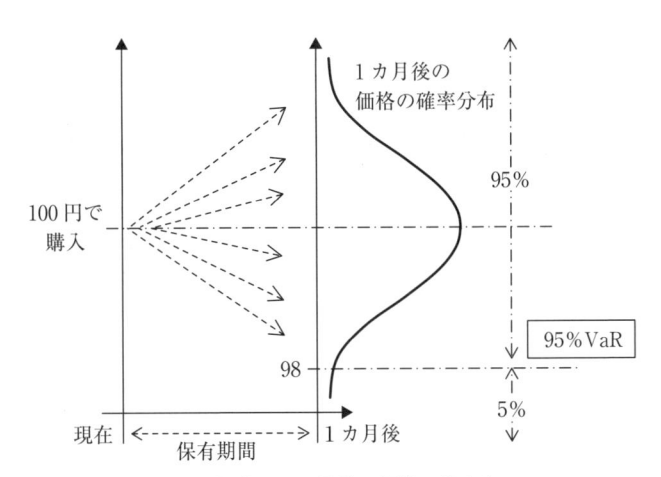

図 6.5.1　証券の 1 カ月後の価格の分布と VaR

する方法です。

例 6.5.1 図 6.5.2 はある期間の日経平均のデータから各評価日とその 10 営業日後（保有期間は 10 日）の変化率を求め、各評価日の変化率を棒グラフで表したものです。この例ではデータ数が 100 件あるので、下から 5 番目と 6 番目に低い変化率の中間値が信頼水準 95%の VaR です。

この例のように、ヒストリカル法は計算方法をイメージしやすく、評価結果の安定性や信頼性に優れていると考えられ、金融機関ではヒストリカル法を採用するところが増えているようです[2]。ヒストリカル法で算出する VaR をヒストリカル VaR と記す場合があります。VaR 計算に使うヒストリカルデータの期間を観測期間といい、ボラティリティと同様、VaR は観測期間によって異なります。したがって、VaR を扱うときには観測期間、保有期間、信頼水準を明確にしておくことが重要です。このうち保有期間と信頼水準は、リスクの対象、規制、運用ルールなどによって決められます。

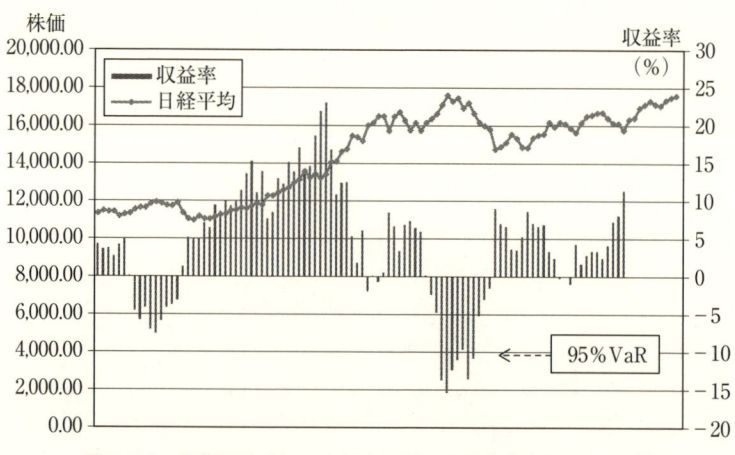

図 6.5.2　日経平均のヒストリカルデータの変化率と VaR の例

次に VaR と価格感応度の違いについて考えます。価格感応度は下方リスクを過小評価する場合があることを 5.15 節の他社株転換債の例で示しました。他社株転換債の満期時の価値は図 5.15.3 に表されているので、これに基づいて図 6.5.3 に満期日でのクーポンを含んだ価格変化率の確率分布のイメージを表しました。右端の太線は株価が下がらずに元本がすべて回収できた場合を表しています。参照株価が下がって元本を毀損するリスクには十分現実的なので、そのときの変化率は図の左側に伸びた確率分布の裾で表されます。これでみると VaR は大きな損失の可能性を表し、価格感応度では捉えきれない下方リスクを表していることがわかります。一般に、キャッシュフローが複雑な金融商品ほど価格感応度の非線形性が強いので、価格感応度に比べて VaR は下方リスクを捉えやすいリスク尺度といえます。

とくに信用リスク債券の場合、VaR は標準的なリスク尺度として使われています。図 6.5.4 は信用リスク債券の 1 年あたりの価格変化とクーポンの和を収益率で評価したときの確率分布を模擬的に表したものです。信用リスク債券は信用イベントがなくても金利リスクによる価格変動があります。この価格変動の規模は無リスク債券と同じです。また発行体の格下げや、デフォルトが低い確率で起きるので、その影響による価格下落が起こります。図の確率分布の左に長く伸びた裾の部分はこの信用リスクによる価格下落に該当し、このよ

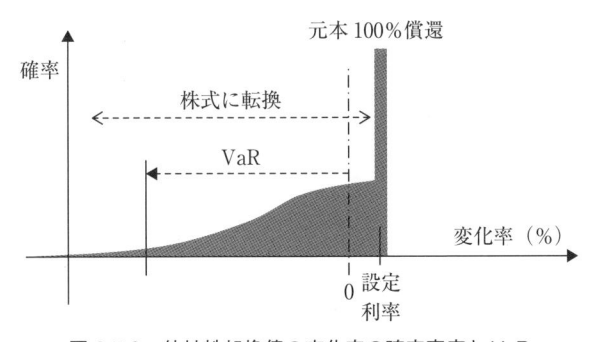

図 6.5.3 他社株転換債の変化率の確率密度と VaR

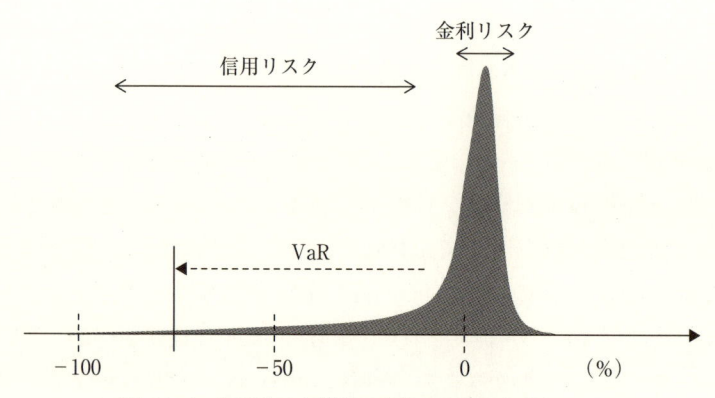

図 6.5.4　信用リスク債券の変化率の確率分布と VaR

表 6.5.1　リスク尺度の特長

	価格感応度	ボラティリティ	VaR
再現性	○	△	△
市場リスクのヘッジ（5.6 節）	○		
リスク性状が非線形な証券のリスク評価		○	○
レア事象のリスク評価			○

うなレアな事象による下方リスクは VaR によって捉えられることがわかります。

　信用イベントのようにレアな事象や、複雑な金融商品のリスクを測る方法として VaR は有効なリスク尺度です。しかしボラティリティと同じく VaR も過去の結果から導かれたものであり、将来の結果を保証するものではないことに注意が必要です。表 6.5.1 に価格感応度、ボラティリティ、VaR の特長をまとめておきました。

6.6 ポートフォリオの VaR と分散投資効果

ポートフォリオの VaR はポートフォリオ全体の価格の下方リスクを表します。これには個々の証券の VaR の和で考える場合と証券間の相関を考慮した場合の 2 通りの計算法があり、この違いについて説明します。

2 種類の証券 A、B があり、どちらも当初の価格が 100 円でボラティリティは等しいとします。そして A と B を 100 円ずつ総額 200 円のポートフォリオを考えます。6.3 節で議論したように、このポートフォリオのボラティリティは A と B とが順相関のときに大きく、逆相関のときは小さくなります。VaRも同様に考えることができるので、A、B それぞれの VaR の和より {A＋B}の価格変動の VaR は小さくなります。

$$A の VaR＋B の VaR \geq \{A＋B\} の VaR$$

左辺を相関を考慮しない VaR といい、右辺は相関が考慮された VaR です[3]。一般に次の不等式が成立します。

$$\{個々の証券の VaR の和\} \geq \{相関を考慮したポートフォリオの VaR\}$$

相関を考慮しない VaR はすべての証券の VaR を単純に足せば計算できますが、ポートフォリオ総額の価格変動を測るなら、相関を考慮したほうが説明力が高いといえます。

最後に信用リスク債券の分散投資によってポートフォリオの VaR（相関考慮）が低下することを簡単な例で考えてみましょう。社債が無数にあり、それらはすべて残存期間が 1 年で額面金額 100 円、利率が 2%とします。この債券のデフォルトが起きる事象は互いに独立で、1 年の累積デフォルト確率は 1%、

回収率は30%とします。

1社のポートフォリオの場合、デフォルトしなければクーポンと元本を受け取れるので、1年後の価値を収益率で表すと、99%の確率で2%の利益です。デフォルトすると回収率が30%なので、1%の確率で70%の損失です。したがって収益率の期待値は $2 \times 0.99 - 70 \times 0.01 = 1.28$ の計算から1.28%です。簡単のため信頼水準99%のVaRは70%の損失とし、このときの収益率とVaRを図6.6.1の一番上に示します。

2社の均等ポートフォリオの場合、収益率の平均値は1.28%で変わりません。2社が同時にデフォルトしたときの収益率は−70%で、その確率は $0.01 \times 0.01 = 0.0001$ と低くなります。どちらか1社のみがデフォルトする場合は、30円回

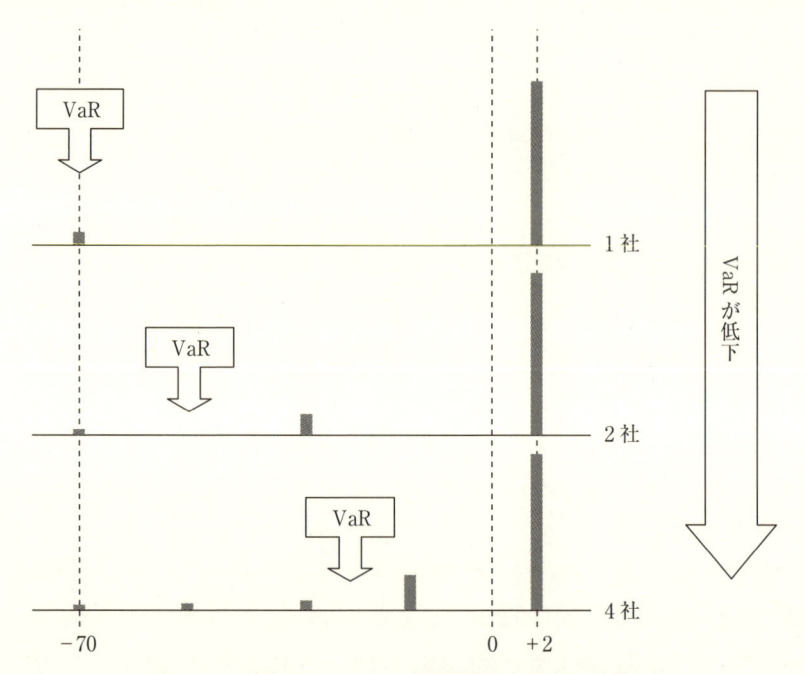

図6.6.1　債券ポートフォリオの社数と収益率の確率分布

収できるものと102円受け取る債券との合計で132円受け取れるので、収益率でみると (132 − 200)/200 = −0.34 より、34%の損失です。1社がデフォルトして

表6.6.1　2社のポートフォリオの収益率

デフォルト数	確率 (%)	収益率 (%)
2	0.01	−70
1	1.98	−34
0	98.01	2

残りが生存する確率は、(0.01×0.99) = 0.0099 ですが、どちらの会社が破綻するかを考えると2通りあります。したがって2社のうち1社のみがデフォルトする確率は上の確率の2倍になり、(0.01×0.99)×2 = 0.0198 の計算によって約2%です。したがって約2%の確率で34%の損失です。

2社とも生存する確率は1社と2社がデフォルトする確率を1から引いたものに等しいので、

$$2社が生存する確率 = 1 − 1社のみデフォルトする確率 − 2社がデフォルトする確率$$

と表され、1 − 0.0001 − 0.0198 = 0.9801 の計算から98.01%です。このときの収益率は2%なので、約98%の確率で収益率は2%です。1社以上デフォルトする確率は約2%なので、99%のVaRを1社デフォルトと2社デフォルトの場合の収益率の中間とみなすと、70%と32%の平均の51%です。つまり、2社に分散投資するとVaRが70%から51%に低下することがわかります。この様子を図6.6.1の中央に示します。図の一番下には4社に分散投資したときの収益率を表しており、VaRがさらに低下する様子がわかります。

6.4節のコイン投げの例を思い出すと、上の例は99%の確率で2%の収益、1%の確率で70%損失するコインを投げることに相当します。このコインの収益率の平均値は1.28%だったので、仮に収益率の許容幅を±5%、つまり (−3.72%, 6.28%) の区間に設定したとします。独立な債券の数を増やしていくと、大数の法則によって収益率の分布はやがてこの区間に収まり、VaRは3.72%以下

になります。許容幅は何%であっても同様です。これはデフォルト事象の独立な信用リスク債券のポートフォリオでは、分散投資によって VaR を低減できることを表します。

デフォルト確率と回収率が等しい独立な信用リスク債券の均等ポートフォリオの場合、その収益率は 2 項分布を使って表すことができます。具体的な計算方法は付録 7.9 節に載せておきます。

現実にはデフォルト事象の独立な債券が複数存在するわけではないので、相関の弱い債券に分散投資して、近似的な分散効果を期待する運用を行います。また実際のポートフォリオでは銘柄ごとに投資元本やデフォルト率、回収率、相関係数などが異なるので、7.9 節の方法で収益率分布を求めることは不可能です。したがってモンテカルロシミュレーションなどの数値解析によって収益率分布を求め、VaR を計算するなどの方法が用いられます。この場合は格付け変更による価格の変化を織り込み、より詳細な方法を使うこともあります。

[注]
1) 大数の法則は付録の 7.2 節で説明します。
2) これについては吉藤 [19] などを参照のこと。
3) 実際の計算では相関係数を使った簡易的な評価法が使われています。

第7章

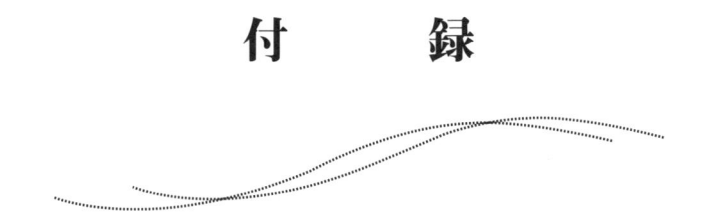

付　　録

7.1　正規分布の性質とブラウン運動

　確率変数とは、ある不確実な現象を観測したときの結果を表す変数のことです。例えば、企業の毎日の株価は不確実な現象とみることができるので確率変数の例です。時刻 t と時刻 $t+\Delta$ での株価をそれぞれ $X(t)$、$X(t+\Delta)$ で表すと時間 Δ 経過後の株価の変化率は $\{(X(t+\Delta)-X(t))/X(t)\}$ で表され、これも確率変数です。確率変数がある値を取る確率を表した関数を確率分布といいます。ある確率変数の確率分布が以下の関数で表されるとき

$$\phi(x) = \frac{1}{\sqrt{2\pi}S} \exp\left(-\frac{(x-\mu)^2}{2S^2}\right)$$

この確率変数は平均 μ、分散 S^2 の正規分布に従うといいます。このときの標準偏差は S です。とくに平均ゼロ、分散が 1 の正規分布を標準正規分布といい、その確率分布は

図 7.1.1 正規分布

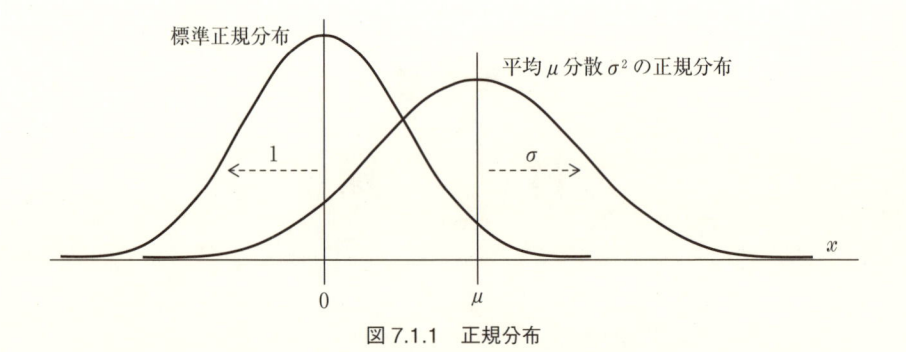

$$\phi(x) = \frac{1}{\sqrt{2\pi}} \exp\left(-\frac{x^2}{2}\right)$$

で表されます。正規分布の確率分布は図 7.1.1 の形で表されます。

　本書では、過去のデータから求めた変化率のヒストグラムを例示することがありますが、ヒストグラムは確率分布の表れとみることができます。したがって価格の変化率が正規分布に従うとき、そのヒストグラムは正規分布関数に似た分布になります。

　次に、X_1 と X_2 は平均 μ、分散が S^2 の正規分布に従う互いに独立な確率変数とします。このとき $(X_1+X_2)/2$ は平均 μ、分散 $S^2/2$ の正規分布に従うことが知られています。これは「正規分布に従う独立な確率変数の和は再び正規分布に従う」という意味を持ち、正規分布の再生性と呼ばれる性質です。

　さらに多くの確率変数を考え、$X_1, X_2, \cdots, X_n$ はすべて平均 μ、分散 S^2 の正規分布に従う互いに独立な確率変数とします。このとき正規分布の再生性によって $\{(X_1+\cdots+X_n)/n\}$ は平均 μ、分散 S^2/n の正規分布に従い、標準偏差は $S/\sqrt{n}$ になることが知られています。

　ブラウン運動はランダムウォークをさらに小刻みにし、無限小のギザギザな足跡を残す不確実な運動のことです[1] ブラウン運動が時刻 t でとる値を $W(t)$

で表すと、ブラウン運動の性質は次で表されます。

① 初期値はゼロ； $W(0) = 0$。
② ある時刻の動きと次の時刻の動きは独立； $u > t > s \geq 0$ のとき $W(t) - W(s)$ と $W(u) - W(t)$ は独立。
③ 正規分布性； $t > s \geq 0$ のとき $W(t) - W(s)$ は平均が $W(s)$ で、標準偏差が $\sqrt{t}$ の正規分布に従う。

証券の価格挙動がブラウン運動に従うと仮定して上記の性質を解釈すると、2番目の性質は証券の過去の値動きを分析しても将来の値動きを予測できないことに対応します。3番目の性質でとくに $s = 0$ とおくと、$W(t)$ は平均が0で、標準偏差が $\sqrt{t}$ の正規分布に従います。これは時刻 t での証券の価格（あるいは変化率）の標準偏差が $\sqrt{t}$ の定数倍の正規分布に従うと解釈できます。このことは価格で考えるか価格の変化率で考えるかによって意味が違いますが、詳しくは [5]、[23] などのボラティリティの説明を参照してください。

7.2 大数の法則

大数(たいすう)の法則は高校や大学の確率論で扱いますが、ここでは株価変動の例に適用した形で解釈してみましょう。無配当の株式が無限に多く存在し、各株式の1年後の価格変化率は互いに独立で同じ確率分布に従うと仮定します。簡単のため各銘柄の変化率の平均はゼロとします。この中から n 銘柄の株式をランダムに選んで $1/n$ 億円ずつ投資すると、総額1億円の均等なポートフォリオができます。

ポートフォリオ全体の価格変化率は平均がゼロになるので、ある許容幅を設定し、ポートフォリオ全体の価格が1年後にこの許容幅の中に納まるかを考えます。例えば許容幅を200万円に設定すれば、ポートフォリオの1年後の価値が9,900万円から1億100万円の間に入っているかをみることになりま

す。この考え方によると、図7.2.1のように許容幅400万円の中に納まっているポートフォリオより200万円の幅に納まっているポートフォリオのほうがリスクが小さいことがわかります。ここで大数の法則は次のように表されます。

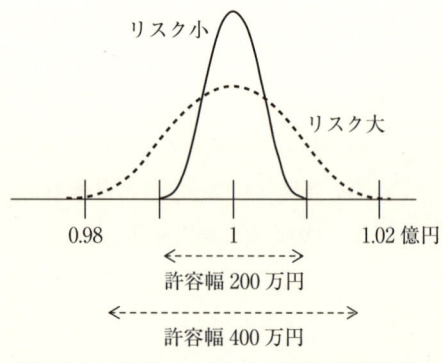

図 7.2.1　ポートフォリオの1年後の総額の分布

大数の法則 1　無数の銘柄の株式があり、これらの価格変化率は互いに独立で同じ確率分布に従うとする。各株式の価格変化率の平均はゼロとする。その中から n 銘柄を任意に選び総額1億円の均等ポートフォリオを作る。ある許容幅を設定し、均等ポートフォリオの銘柄数 n を増やしていけば、運用結果は必ず許容幅の範囲内に納まるようになる。

図7.2.2は許容幅を200万円（変化率で±1%）としたときの大数の法則の様子を表しています。大数の法則の本来の形は次のように表されます。

大数の法則 2　平均が μ の母集団から取った n 個の無作為標本を $X_1, \cdots, X_n$ とする。この標本平均を

$$\overline{X} = \frac{1}{n}(X_1 + X_2 + \cdots + X_n)$$

で表す。許容幅 $\varepsilon>0$ を固定したとき、標本数 n を無限に増大させると $\overline{X}$ は必ず $(\mu-\varepsilon, \mu+\varepsilon)$ の範囲内に納まる。つまり $\lim_{n\to\infty} P(|\overline{X} - \mu| < \varepsilon) = 1$ が成り立つ。ここで P( ) は括弧内の事象が起きる確率を表す。

図 7.2.2　大数の法則

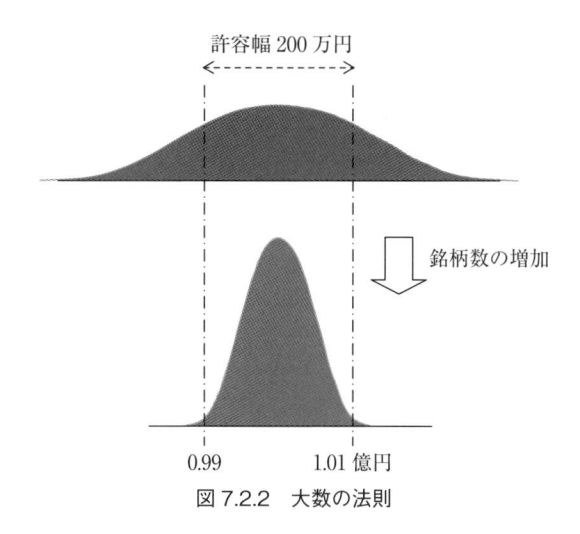

7.3　金利と利率が等しいときの債券価格

金利が r のとき、額面金額が 100 円でクーポンが C 円（年 2 回払）の期間 N 年の債券価格は 3.3 節の (3.7) 式から次で表されます。

$$P = \frac{C/2}{(1+0.5r)} + \frac{C/2}{(1+0.5r)^2} + \cdots + \frac{C/2}{(1+0.5r)^{2N-1}} + \frac{100+C/2}{(1+0.5r)^{2N}}$$

市場金利がクーポン利率に等しいときは $100 \times r = C$ なので

$$P = \frac{50r}{(1+0.5r)} + \frac{50r}{(1+0.5r)^2} + \cdots + \frac{50r}{(1+0.5r)^{2N-1}} + \frac{100+50r}{(1+0.5r)^{2N}}$$

と表されます。これを整理すると

$$P = 50r \left\{ \frac{1}{(1+0.5r)} + \frac{1}{(1+0.5r)^2} + \cdots + \frac{1}{(1+0.5r)^{2N-1}} + \frac{1}{(1+0.5r)^{2N}} \right\}$$

$$+ \frac{100}{(1+0.5r)^{2N}} \tag{7.1}$$

になります。右辺の第1項はクーポンの現在価値で、第2項は満期に償還される元本の現在価値です。ここでべき級数の公式

$$x + x^2 + \cdots + x^n = \frac{x(1-x^n)}{1-x}, \quad |x| < 1$$

を思い出してください。この公式に $x = 1/(1+0.5r)$ と $n = 2N$ とおき、右辺は (7.1) の右辺第1項に等しいのでこれを代入すると次式を得ます。

$$P = \frac{50r}{(1+0.5r)} \frac{1-(1+0.5r)^{-2N}}{1-(1+0.5r)^{-1}} + \frac{100}{(1+0.5r)^{2N}}$$

右辺を整理すると、以下の計算によって価格が100円であることが導かれます。

$$P = 50r \frac{(1+0.5r)^{2N} - 1}{0.5r(1+0.5r)^{2N}} + \frac{100}{(1+0.5r)^{2N}}$$

$$= 100 \left(1 - \frac{1}{(1+0.5r)^{2N}} \right) + \frac{100}{(1+0.5r)^{2N}} = 100$$

これによって、金利と利率が等しいときの債券価格がパーになることがわかります。

7.4 デュレーションと修正デュレーションの計算

残存 N 年、半年2回払でクーポンが C 円（年2回払）、市場金利が r のとき債券価格は 3.3 節の (3.7) 式より

$$P = \frac{C/2}{(1+0.5r)} + \frac{C/2}{(1+0.5r)^2} + \cdots + \frac{C/2}{(1+0.5r)^{2N-1}} + \frac{100+C/2}{(1+0.5r)^{2N}} \tag{7.2}$$

です。この式は各キャッシュフローの現在価値の和です。デュレーションは上の式の各キャッシュフローにその時刻までの時間（年）をかけて合算し、それを価格で割ったものです。n 回目のキャッシュフローまでの時間 $0.5n$ 年を上式の各項にかけると、デュレーションは次式で表されます。

$$D_r = \frac{1}{P} \times \left\{ \frac{0.5 \times C/2}{(1+0.5r)} + \frac{1 \times C/2}{(1+0.5r)^2} + \cdots + \frac{(N-0.5) \times C/2}{(1+0.5r)^{2N-1}} + \frac{N \times (100+C/2)}{(1+0.5r)^{2N}} \right\} \tag{7.3}$$

一方、修正デュレーション D_M は金利変化に対する債券価格変化率のことなので、債券価格 P の r での偏微分を債券価格で割った

$$D_M = -\frac{\partial P/\partial r}{P} \tag{7.4}$$

で定義されます。金利が上昇すると債券価格が値下がりすることから、$\partial P/\partial r$ はマイナスです。修正デュレーションをプラスの値で評価するために右辺にはマイナス符号がついています。(7.2) 式の右辺を r で偏微分すると

$$\frac{\partial P}{\partial r} = -\left\{ \frac{0.5 C/2}{(1+0.5r)^2} + \frac{C/2}{(1+0.5r)^3} + \cdots + \frac{(N-0.5)C/2}{(1+0.5r)^{2N}} + N\frac{100+C/2}{(1+0.5r)^{2N+1}} \right\} \tag{7.5}$$

になります。この計算にはべき乗式の逆数の微分が

$$\frac{d}{dr}\left\{\frac{1}{(1+0.5r)^i}\right\} = \frac{-0.5i}{(1+0.5r)^{i+1}}$$

であることを使っています。右辺の分子に 0.5 がかかっているのは合成関数の微分によるものです。

(7.5) 式の右辺から $-1/(1+0.5r)$ を括弧の外に出すと次を得ます。

$$\frac{\partial P}{\partial r} = \frac{-1}{1+0.5r}$$
$$\times \left\{ \frac{0.5C/2}{(1+0.5r)} + \frac{C/2}{(1+0.5r)^2} + \cdots + \frac{(N-0.5)C/2}{(1+0.5r)^{2N-1}} + \frac{N(100+C/2)}{(1+0.5r)^{2N}} \right\}$$

この右辺の括弧内は (7.3) 式の括弧内と等しいので、

$$\frac{\partial P}{\partial r} = \frac{-1}{1+0.5r} D_r P$$

が成り立ちます。両辺を $-P$ で割ると

$$-\frac{\partial P/\partial r}{P} = \frac{D_r}{1+0.5r}$$

となり、左辺は修正デュレーションの式 (7.4) に等しいので、$D_M = D_r/1+0.5r$ が成り立ちます。したがって

$$修正デュレーション(半年利払い) = \frac{デュレーション}{1+0.5 \times 金利}$$

の関係式が導かれます。同様にして 1 年利払いの場合は上の式の 0.5（年）を

1（年）に置き換えることによって

$$\text{修正デュレーション}(1\text{年利払い}) = \frac{\text{デュレーション}}{1 + \text{金利}}$$

を得ます。どちらかというと後者の関係式をよくみかけるかもしれませんが、これは1年利払いのときの関係式です。いずれにしても金利が低いときはどちらで計算しても大きな差はありません。

7.5 先物と先渡の価格関係

先物と先渡の価格関係式（5.11）を文献［24］に従って、さらに噛み砕いた形で導きます。

1日分の無リスク金利を r とします。1万円をこの金利で1日運用すると $10000 \times (1+r)$ に増えます。そしてこの金利は先渡の満期日まで変化しないと仮定します。したがって1万円を2日、3日と運用すれば以下のように複利で増えていきます。

$$1\text{日後の価値} = 10000 \times (1+r)$$
$$2\text{日後の価値} = 10000 \times (1+r)^2$$
$$3\text{日後の価値} = 10000 \times (1+r)^3$$

ここである商品の先渡契約と先物取引を考えます。先物と先渡の満期日を3日後とし、どちらもこの日に決済するものとします。A、Bの2人がいて、Aは先物取引を行って3日目にこの商品を買い、Bは先渡契約を行って3日目にこの商品を買うものとします。実際の先物取引では1枚2枚といった単位で取引しますが、ここでは任意に細かい単位で取引できるものとします。最初の日

の先物価格を F_0 とし、A はこれを $(1+r)$ 単位を買って翌日売ることにします。r は1日分の金利なので $(1+r)$ は1よりわずかに多い量であることに注意が必要です。

　1日目、2日目、3日目の先物価格を F_1、F_2、F_3 とします。1日目に先物をすべて売ると差金決済によって

$$(F_1-F_0)\times(1+r)$$

のキャッシュフローが発生します。このお金（借金の場合もあり）を金利 r で2日間運用すると、3日目には

$$\{(F_1-F_0)\times(1+r)\}\times(1+r)^2 = (F_1-F_0)\times(1+r)^3$$

になります。1日目の差額がプラスのときはその利益が $(1+r)^2$ 倍増え、マイナスのときは同じ割合で借金が増えます。そして先物を $(1+r)^2$ 単位買います。これは初日よりわずかに多く買ったことになります。

　2日目に先物をすべて売ると $\{(F_2-F_1)\times(1+r)^2\}$ のキャッシュフローが発生します。このお金を金利 r で1日運用すると3日目には

$$\{(F_2-F_1)\times(1+r)^2\}\times(1+r) = (F_2-F_1)\times(1+r)^3$$

になります。そしてまた同じ先物を価格 F_2 で $(1+r)^3$ 単位買います。これも前日に買ったときよりわずかに多い量です。

　3日目は2日目に買い直した先物を差金決済するので $\{(F_3-F_2)\times(1+r)^3\}$ のキャッシュフローが生じます。1日目と2日目の決済で生じた現金はすべて運用していたので、3日目の結果も合わせると、3日目は

$$3日目の資金 = (F_1-F_0)\times(1+r)^3 + (F_2-F_1)\times(1+r)^3 + (F_3-F_2)\times(1+r)^3$$

が手元の資金です（マイナスの場合もあり）。上の式を $(1+r)^3$ でまとめると

$$3日目の資金 = \{(F_1-F_0) + (F_2-F_1) + (F_3-F_2)\} \times (1+r)^3$$
$$= (F_3-F_0)\times(1+r)^3$$

と表すことができます。

この取引と同時に、初日に F_0 の資金を貯金して金利 r で運用すると、3日目には $\{F_0\times(1+r)^3\}$ になるので先物取引との合計は

$$F_0\times(1+r)^3 + (F_3-F_0)\times(1+r)^3 = F_3\times(1+r)^3$$

です。したがって A は初期資金 F_0 を持っていれば、F_0 を金利 r で運用し、上の先物取引を行うことによって、3日目にその商品を F_3 の価格で $(1+r)^3$ 単位買うことができます。

一方、この商品の初日の先渡価格を G_0 とします。B はこの先渡契約をおこない、初期資金 G_0 を貯金して金利 r で運用します。3日目には $\{G_0\times(1+r)^3\}$ に増えるので、その商品を先渡価格 G_0 で $(1+r)^3$ 単位買うことができます。この結果 A、B の双方が3日目に同じ商品を $(1+r)^3$ 単位買えて、手元資金はゼロになります。無裁定の原理から初日における A、B 双方の初期資金 F_0 と G_0 は等しいはずです。F_0 は初日の先物価格で、G_0 は初日における先渡価格なので

先物理論価格 = 先渡価格

が成立するのです。1日の金利が満期日まで一定であれば、この関係式は満期

日が何日後であっても成立します。金利が変動する場合の先物の理論価格は [22] に説明があります。

7.6　外貨建て債券の価格

4.1 節では外国債券の価格を計算する考え方として、発行国の時価を円換算する方法を示しました。ここでは国内で外貨建て固定利付債を持っている立場で、その価格を導きます。

4.1 節と同じように米国 5 年国債の例で考えましょう。現在の為替レートは 1 ドル 100 円で、米国 5 年国債の額面金額は 100 ドル、利率は 5％固定で年 2 回払いとします。この債券では年 2 回 2.5 ドルのクーポンを受け取りますが、その利子を円転するので利払い時の為替レートによって受け取る金額が異なります。将来の為替レートは先渡レートで予約できるので、将来キャッシュフローの円換算価値は次式で計算できます。

$$将来キャッシュフローの円換算価値 = キャッシュフロー(ドル) \times 先渡レート$$

円換算されたキャッシュフローを円金利の割引率で現在価値に割引けば、その総和が債券の価格です。

$$米国 5 年国債の価格 = 総和\{円ベースでの将来キャッシュフローの現在価値\}$$

米国に限らず外国債券の価格は次式で表されます。

$$外国債券の価格(円) = 総和\{円ベースでの将来キャッシュフローの現在価値\} \tag{7.6}$$

$$= 総和\{将来キャッシュフロー（外貨）×先渡レート$$
$$\times 円金利割引率\} \tag{7.7}$$

この価格式は国内投資家が保有する外国債券の将来キャッシュフローを先渡レートで円転し、その現在価値を求める考え方で、図 7.6.1 の右側にこの考え方を表しています。この方法はやや面倒ですが、キャッシュフローが円と外貨からなるデュアルカレンシー債などの複雑な債券の価格を計算するときにも適用できる汎用性のある考え方です。

無裁定の原理から、日本国内ですでに米国国債を保有している場合の価格は、同じものを米国から買う人の価格に等しいはずです。図 7.6.1 に示すように、(7.7) 式と (4.2) 式の価格は一致するので、次式が成立するはずです。

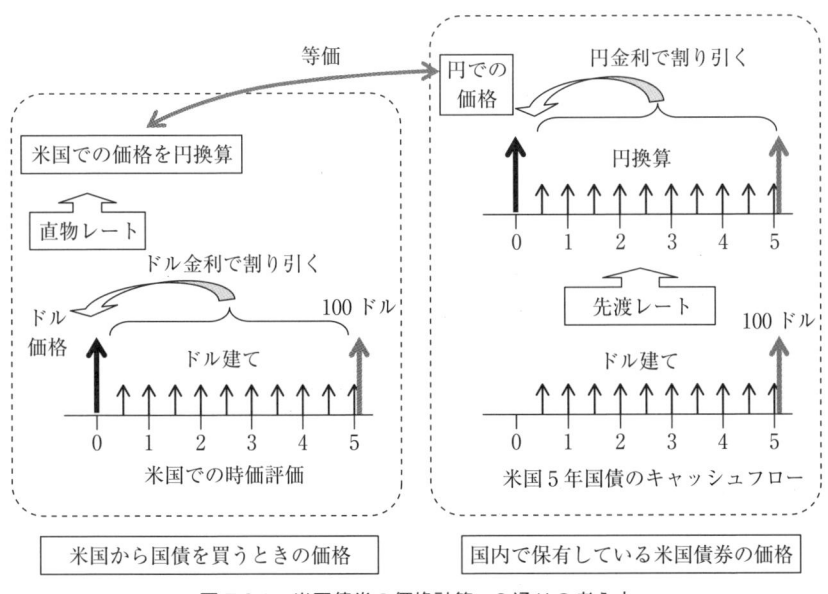

図 7.6.1　米国債券の価格計算　2 通りの考え方

総和{円換算将来キャッシュフローの現在価値} = 米国での価格(ドル)
$$\times 直物レート \qquad (7.8)$$

(7.8) 式を直接示すこともできます。n 年の半年複利の円金利を r、ドル金利を R とすると、n 年先の先渡レートは (5.18) 式より

$$先渡レート = \left\{\frac{1+0.5r}{1+0.5R}\right\}^{2n} \times 直物レート \qquad (7.9)$$

です。n 年先のクーポン $C/2$ ドルをこの先渡レートで円換算すると

$$\frac{C}{2} \times \left\{\frac{1+0.5r}{1+0.5R}\right\}^{2n} \times 直物レート$$

になります。n 年先の割引率 D_n は円金利 r によって $D_n = (1+0.5r)^{-2n}$ で与えられるので、n 年先に受け取る半年分のクーポンの現在価値 (円) は次式で求めることができます。

n 年先のクーポンの現在価値 = クーポンを先渡レートで円換算 × 割引率

$$= \left\{\frac{C}{2} \times \left(\frac{1+0.5r}{1+0.5R}\right)^{2n} \times 直物レート\right\} \times \left\{\frac{1}{1+0.5r}\right\}^{2n}$$

$$= \frac{C/2}{(1+0.5R)^{2n}} \times 直物レート$$

上の計算では分子分母の円金利の項が消去され、米国金利の項だけが残ります。同様にして満期日 (N 年後) のキャッシュフローの現在価値も米国金利で表されます。

$$\text{満期日のキャッシュフローの現在価値(円)} = \frac{100+C/2}{(1+0.5R)^{2N}} \times \text{直物レート}$$

この結果 (7.7) 式の右辺は

$$\left\{ \frac{C/2}{(1+0.5R)} + \frac{C/2}{(1+0.5R)^2} + \cdots + \frac{100+C/2}{(1+0.5R)^{2N}} \right\} \times \text{直物レート}$$

に等しいことがわかります。上式の最後の右辺の括弧内は (4.1) 式に等しいので、米国での債券価格そのものなので、(7.8) 式が導かれたことになります。もちろん米国債券に限らず外国債券全般について (7.6) と (7.7) 式が成り立ちます。

7.7 ボラティリティの計算

この節では実際のヒストリカルデータからボラティリティを計算するための具体的な計算方法を説明します。例として為替レートのデータを使いますが、金利や株価の場合も同じです。

図 7.7.1 は 2007 年 1 月 4 日から 2010 年 12 月 30 日までの期間の米ドル・円レートの時系列データを縦に並べたものです。データ数が 4 年間で 978 日分もあるので途中は省略しています。左から 3 列目は前日比の価格変化率を表します。例えば、2007 年 1 月 4 日は 1 ドル 119.43 円で翌日は 118.7 円です。したがって前日比は

$$\text{前日比} = (118.7 - 119.43)/119.43 = -0.0061$$

の計算によって、1 月 4 日の行の左から 4 列目に -0.0061 を示しています。こ

150

	USD	前日比	5日前比	20日前比
2007/1/4	119.43	−0.0061	0.0104	0.0119
2007/1/5	118.7	0.0010		
2007/1/9	118.82	0.0051		
2007/1/10	119.43	0.0020		
2007/1/11	119.67	0.0084		
2007/1/12	120.67	−0.0044	0.0062	
	(略)			
2007/2/2	120.85	0.0021	0.0038	−0.0431
2007/2/5	121.10	−0.0077		
	(略)			
2010/11/5	81.00	0.0030	0.0175	0.0235
2010/11/8	81.24	−0.0005		
	(略)			
2010/12/20	84.09	−0.0042	−0.0163	
2010/12/21	83.74	0.0011		
	(略)			
2010/12/29	82.33	−0.0108		
2010/12/30	81.44			

図 7.7.1　米ドル円レートのヒストリカルデータと変化率の計算例
　　　　　為替レートのデータ元：みずほ銀行 HP

の計算を1日ずつずらして最後のデータまで行えば、前日比の時系列データができます。これが左から3列目です。

　5日前比は今日の価格と5営業日後の価格の変化率を表し、1週間後の変化率の意味で使われます。2007年1月4日の場合、その5営業日後は2007年1月12日で、その日の価格は1ドル120.67円です。上と同様にして

$$5日前比 = (120.67 - 119.43)/119.43 = 0.0104$$

の計算によって、1月4日の行の左から4列目に0.0104を示しています。この計算を5日ずつずらして最後のデータまで繰り返せば、5日前比の時系列

データができます。これが左から4列目です。この例では2010年12月20日で計算が終わります。

20日前比は20営業日後の変化率なので、1カ月後の変化率の意味で使われます。2007年1月4日の場合、その20営業日後は2007年2月2日でその日の価格は1ドル120.85円です。上と同様にして

$$20 日前比 = (120.85 - 119.43)/119.43 = 0.0119$$

より1月4日の行の左から5列目に0.0119を示しています。この計算も20日ずつずらして繰り返すと20日前比の時系列データができ、左から5列目に表されます。そして2010年11月5日で計算は終わります。

図7.7.2は前日比と20日前比の変化率のヒストグラムです。この図から変化率の確率分布の様子を視覚的に捉えることができ、日数差によらず正規分布に近い性状をもつことがわかります。そして変化率のヒストグラムの広がりは日数差が長いほど大きくなりますが、表7.7.1に示すように、変化率の標準偏差も日数差に準じて大きくなります。そこで6.2節で説明したように

$$期間 T 年後の変化率の標準偏差 = \sigma\sqrt{T} \tag{7.10}$$

が成り立つと仮定します。ここで、右辺の定数 σ がボラティリティです。上の例のように変化率を測る期間が日数の場合は1年を250営業日とすると、t 日は $t/250$ 年に換算されます。ここで1年を250日とみるのは実務的な考え方の1つです。期間 t 日後の変化率の標準偏差は $S(t) = \sigma\sqrt{t/250}$ で表されます。これを変形すると $\sigma = S(t)\sqrt{250/t}$ を得ます。これに $t = 1、5、20$ 日とし、観測した標準偏差を $S(t)$ に代入するとボラティリティ σ を求めることができます。

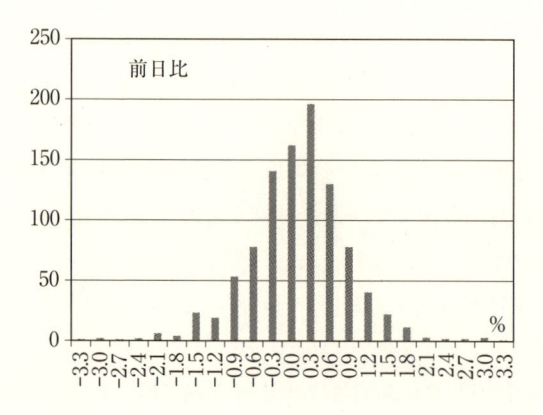

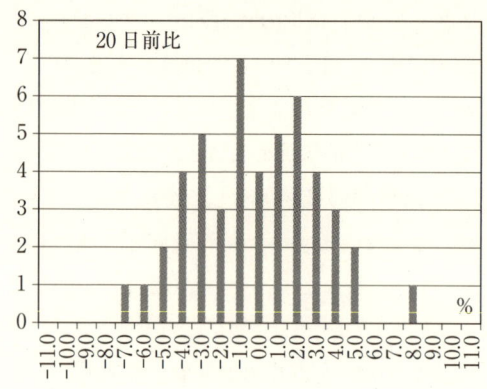

図 7.7.2 為替レートの変化率のヒストグラム 米ドル‐円

表 7.7.1 米ドル円レートの変化率の標準偏差と
ボラティリティ
(％)

	前日比	5日前比	20日前比
標準偏差	0.81	1.61	3.15
ボラティリティ	12.8	11.4	11.1

上の例によるボラティリティの計算結果を表7.7.1に表しました。3通りの日数差から導いたボラティリティはそれぞれ違う結果になりましたが、どれも12%前後の数値が得られていることから、(7.10)式の仮定が近似的に成立っているといえます。そしてボラティリティは12%前後と推定できます。これらの中からどれを選ぶかは実務的な判断になりますが、この結果では5日前比と20日前比が比較的近い数値であることから、11%（あるいは11.1%）を使う人が多いのではないでしょうか。ヒストリカルデータから導いたボラティリティはヒストリカルボラティリティと呼ばれ、観測期間によって結果が違うので、ある程度の誤差を見込んだ解釈が必要です。

　データが数十年分もあれば1年間隔で変化率を計算でき、その標準偏差はボラティリティそのものといえます。実際にはそれほど長い期間のデータがないので、上の例のように数日間の間隔で変化率を計算し年率の標準偏差に換算する方法がよく用いられます。場合によっては観測データが週次や月次で得られることがあります。週次データの場合は1年を52週とみなすと、1週間は1/52年なので(7.10)式から次が成立します。週次変化率の標準偏差＝$\sigma/\sqrt{52}$ したがってこの場合は

$$ボラティリティ＝週次変化率の標準偏差\times\sqrt{52}$$

で求められます。

　月次データの場合は1年を12カ月とすると1カ月は1/12年なので、上と同様にしてボラティリティは

$$ボラティリティ＝月次変化率の標準偏差\times\sqrt{12}$$

で求められます。同様にしてNカ月間隔のデータのときは次式で計算できます。

$$\text{ボラティリティ} = N \text{カ月後変化率の標準偏差} \times \sqrt{12/N}$$

不動産のように数年間隔のデータのときは，(7.10) 式をそのまま使えます。N 年経過後変化率の標準偏差は $\sigma\sqrt{N}$ に等しいので，ボラティリティは次式で求めることができます。

$$\text{ボラティリティ} = N \text{年後変化率の標準偏差}/\sqrt{N}$$

標準偏差はデータの性質や使用目的によっていくつかの計算方法がありますが，ボラティリティの計算の場合は時系列データをある母集団の標本と考え，母集団分布の標準偏差を求めることになります。$X_1, X_2, \cdots, X_N$ の N 個のデータがあった場合，観測値の平均 $\overline{X}$ は

$$\overline{X} = \frac{1}{N} \sum_{i=1}^{N} X_i$$

で，母集団の標準偏差 S は次式で計算します。エクセルの場合は STDEV 関数が次式に対応しています。

$$S = \left(\frac{1}{N-1} \sum_{i=1}^{N} (X_i - \overline{X})^2 \right)^{1/2}$$

7.8　ポートフォリオの銘柄数と分散効果

この節では無配当の証券からなるポートフォリオの銘柄数とボラティリティの関係を示します。ポートフォリオ全体の価格変化率は次式で計算できます。

$$\text{ポートフォリオの価格変化率} = \frac{\text{各証券の価格変化の和}}{\text{ポートフォリオ総額}} \qquad (7.11)$$

ここで右辺分子の証券の価格変化とは株価の単価ではなく保有額の変化の意味です。とくにポートフォリオが均等な場合を考えると、ポートフォリオ総額は銘柄数×1銘柄あたりの投資額に等しいので、

$$\frac{\text{各証券の価格変化の和}}{\text{ポートフォリオ総額}} = \frac{\text{各証券の価格変化の和}}{\text{銘柄数×1銘柄あたりの投資額}} \qquad (7.12)$$

が成り立ちます。上式の右辺は次のように変形できます。

$$\frac{1}{\text{銘柄数}} \text{総和}\left\{\frac{\text{各証券の価格変化}}{\text{1銘柄あたりの投資額}}\right\} = \frac{\text{総和}\{\text{各証券の価格変化率}\}}{\text{銘柄数}}$$

$$= \frac{\text{各証券の変化率の和}}{\text{銘柄数}}$$

(7.11) 式と (7.12) 式から

$$\text{ポートフォリオの価格変化率} = \frac{\text{各証券の価格変化率の和}}{\text{銘柄数}} \qquad (7.13)$$

が成り立ちます。これは均等ポートフォリオの価格変化率は個々の証券の価格変化率の平均に等しいこと意味しています。

ここですべての証券の価格変化率は正規分布に従い、その平均と標準偏差は等しく、さらに各証券の価格変化率は互いに独立とします。付録7.1節の正規分布の再生性を思い出すと、平均 r で標準偏差が S の正規分布に従う n 個の確率変数の和の平均は、それらが互いに独立のとき平均 r、標準偏差 $S/\sqrt{n}$ の正規分布に従います。この性質を使うと (7.13) 式の右辺の標準偏差は

$$\left\{\frac{各証券の価格変化率の和}{銘柄数}\right\}の標準偏差 = \frac{証券の価格変化率の標準偏差}{\sqrt{銘柄数}}$$

で表されます。したがって次がわかります。

$$ポートフォリオの価格変化率の標準偏差 = \frac{証券の価格変化率の標準偏差}{\sqrt{銘柄数}}$$

1年後の価格変化率の標準偏差はボラティリティに等しいので、上式の両辺をボラティリティに置き換えると次が成立します。

$$ポートフォリオのボラティリティ = \frac{証券のボラティリティ}{\sqrt{銘柄数}} \tag{7.14}$$

これによって単一証券のボラティリティと銘柄数から均等ポートフォリオのボラティリティを導くことができます。またこの関係式は、銘柄数の増加によってボラティリティが低下する性質も表しています。

7.9 信用リスクポートフォリオの収益率の確率分布

N 銘柄の社債（あるいは信用リスク債券）のポートフォリオを考え、すべての債券の1年累積デフォルト確率が d で、それらのデフォルト事象はすべて互いに独立とします。2項分布の性質から、1年間で n 社がデフォルトする確率は $d^n(1-d)^{N-n}{}_N C_n$ です。ここで ${}_N C_n$ は N 個の集合から n 個を取り出す組合わせの数を表します。

$${}_N C_n = \frac{N!}{n!(N-n)!}$$

均等なポートフォリオですべての債券の利率が c で、デフォルト時の回収率が R のとき、1年後に n 社がデフォルトしたときのポートフォリオの損益は

$$(N-n)c - n(1-R)$$

で表されます。

簡単のため、すべての社債の額面金額を1円とし、すべての社債に1円ずつ投資したとします。このとき投資元本は全体で N 円なので、収益率は

$$\{(N-n)c - n(1-R)\}/N$$

です。したがって均等な信用リスクポートフォリオの収益率は $d^n(1-d)^{N-n} \times {}_N C_n$ の確率で収益率が

$$\frac{(N-n)c - n(1-R)}{N}, \quad n = 0, 1, \cdots, N$$

である確率分布に従います。

[注]
1) ブラウン運動の詳細は [6] などを参照してください。

関連図書

[1] 朝日監査法人：金融商品会計の実務、東洋経済新報社（2001）
[2] 太田智之：新・債券運用と投資戦略 改訂版、金融財政事情研究会（2009）
[3] 大嶽文伸ほか：転換社債の市場価格分析とリスク管理、金融研究 11（1998）
[4] 木島正明：金融リスクの計量化〈上〉バリュー・アット・リスク、金融財政事情研究会（1998）
[5] 木島正明：金利期間構造モデルと金利デリバティブ 朝倉書店（1999）
[6] 楠岡成雄：確率と確率過程、岩波書店（2007）
[7] 久保田敬一：よくわかるファイナンス、東洋経済新報社（2001）
[8] 薩摩準吉：確率・統計、岩波書店（1989）
[9] 島義夫著：信用リスク、格付、債券投資入門、シグマベイスキャピタル（1997）
[10] 杉本浩一ほか：スワップ取引のすべて、金融財政事情研究会（2007）
[11] 高橋誠ほか：ビジネスゼミナール デリバティブ入門 日本経済新聞社（1996）
[12] 西尾真喜子：確率論、実教出版（1978）
[13] 西澤澄雄：債券取引の基本と実務がわかる本、かんき出版（2006）
[14] 西田真二：ALM 手法の新展開、日本経済新聞社（1995）
[15] 仁科一彦ほか：ポートフォリオ理論─基礎と応用、中央経済社（2009）
[16] 堀之内朗ほか：債券取引の知識（第2版）、日経文庫、日本経済新聞社（2003）
[17] 牟田誠一朗：金利オプション、近代セールス社（1994）
[18] 安岡孝司：市場リスクとデリバティブ、朝倉書店（2005）
[19] 吉藤茂：図説 金融工学とリスクマネジメント、金融財政事情研究会（2008）
[20] J. P. ダンシンほか著、祝迫得夫監訳：現代ファイナンス分析資産価格理論、ときわ総合サービス（2007）
[21] D. ダフィーほか著、本多俊毅ほか訳：クレジットリスク─評価・計測・管理─共立出版（2009）
[22] S. E. シュリーヴ著、今井達也ほか訳：ファイナンスのための確率解析〈2〉連続時間モデル、シュプリンガーフェアラーク東京（2008）
[23] M. バクスターほか著、藤田岳彦ほか訳：デリバティブ価格理論入門、シグマベイスキャピタル（2001）
[24] J. Hull：Options, Futures, and Other Derivatives, 3rd ed., Prentice Hall College Div.

(1996)（三菱証券商品開発本部　訳：フィナンシャルエンジニアリング―デリバティブ取引とリスク管理の総体系、金融財政事情研究会）

論文
[25] 川上高志：国内クレジットデフォルトスワップ（CDS）市場の最新動向、ニッセイ基礎研REPORT（2006.5）
[26] 植木修康：流通市場における社債スプレッドについて、金融市場局ワーキングペーパーシリーズ（1999）
[27] 篠潤之介：社債スプレッド・CDSプレミアムと株価の関係について、日銀レビュー（2010.9）

索　引

【あ行】

ITM　100
アウトオブザマネー　100
アットザマネー　100
アンダーパー　20
EB債　107
イールドカーブ　37
インザマネー　100
インプライド・フォワードレート　91
受渡決済　64
受渡適格銘柄　64
ATM　100
SQ　59
FRA　85
OTM　100
オーバーパー　20
オプション　97
　　──価格　100

【か行】

外国債　8
回収率　50
価格感応度　25
確率分布　111
確率変数　111
　　──の独立　116
株価感応度　25
株価リスク　9
為替感応度　25
為替予約　83
為替リスク　10
期先　57
期近　57

キャッシュフロー　8
金融商品　8
金利感応度　25
金利先渡取引　85
金利スワップ　88
金利と価格の関係式　3, 23
金利の期間構造　36
金利リスク　9
クーポン　7
クーポン・スワップ　93
グリッド・ポイント・センシティビティ　40
クレジット・デフォルト・スワップ　94
経過利子　24
限月　57
限月間スプレッド　80
現在価値　18
原資産　97
権利行使価格　97
権利行使日　97
交換比率　64
公募債　7
コーラブル債　106
コールオプション　97
国債　8
　　──先物　63
国内債券　8
固定利付国債　8
コンバージョン・ファクター　64

【さ行】

債券　7
最終利回り　21
裁定機会　16

裁定取引　16
債務不履行　46
最割安銘柄　69
先物　57
先渡価格　76
先渡金利　85
先渡取引　76
差金決済　58
CDS　94
　──プレミアム　95
GPS　40
直物価格　76
直物レート　83
仕組債　106
市場金利　23
市場分断仮説　38
市場リスク　10
シナリオ・シミュレーション　40
私募債　7
修正デュレーション　34
純粋期待仮説　38
証券　8
所有期間利回り　21
信用イベント　46
信用格付け　46
信用スプレッド　46
信用リスク　8
　──債券　46
信頼水準　127
スティープ化　39
ストライク　97
スポット金利　85
スワップ金利　88
正規分布　135
　──の再生性　136

生存確率　48
相関　116

【た行】
大数の法則　137
タイボー（TIBOR）　88
他社株転換債　107
チーペスト　69
直接利回り　20
直利　20
通貨スワップ　93
デフォルト　46
デュレーション　32
デリバティブ　57
転換社債　106
特別清算指数　59

【な行】
日経　225
　──先物　58

【は行】
パー　20
バリュー・アット・リスク　126
VaR　126
BPV　27
ヒストリカル法　128
ヒストリカルボラティリティ　153
標準物　63
フィジカルセトル　94
フォワードカーブ　92
フォワードレート　85
複利の最終利回り　23
普通社債　9
プットオプション　97

ブラウン運動　112, 136
フラット化　39
ブル　38
プレミアム　100
プロテクション　94
分散投資　116, 122
ベア　38
ペイオフ　98
ベーシスポイント　11
ベーシス・ポイント・バリュー　27
ヘッジ比率　73
ポートフォリオ　116
ボラティリティ　114

【ま行】

マコーレーデュレーション　33
満期日　97
無裁定の原理　16
無リスク金利　12
無リスク債券　7

【や行】

予約レート　83

【ら行】

ライボー（LIBOR）　88
ランダムウォーク　111
利子　7
リスク　2
　──ファクター　10
　──リターンの関係　14
リストラクチャリング　94
利回り　12
　──曲線　37
流動性選好仮説　38
利率　11
累積デフォルト確率　48
ロールオーバー　62

【わ行】

割引率　18

■著者紹介

安岡　孝司　（やすおか　たかし）

芝浦工業大学大学院　工学マネジメント研究科　教授
九州大学大学院数理学研究科博士後期課程修了　1995.3
博士（数理学）
主　著
『市場リスクとデリバティブ』（朝倉書店，ファイナンスライブラリー，2005）．
Quantitative Analysis in Financial Markets, Collected papers of New York Univ. Math. Finance Seminar, M. Avellaneda 他共著, Vol. 3, World Scientific, 2002.

債券投資のリスクとデリバティブ
―投資家のための金融工学―

2012年3月1日　初版第1刷発行

■著　者――安岡孝司
■発行者――佐藤　守
■発行所――株式会社　大学教育出版
　　　　　〒700-0953　岡山市南区西市 855-4
　　　　　電話 (086) 244-1268　FAX (086) 246-0294
■印刷製本――サンコー印刷㈱

© Takashi Yasuoka 2012, Printed in Japan
検印省略　落丁・乱丁本はお取り替えいたします。
本書のコピー・スキャン・デジタル化等の無断複製は著作権法上での例外を除き禁じられています。本書を代行業者等の第三者に依頼してスキャンやデジタル化することは、たとえ個人や家庭内での利用でも著作権法違反です。
ISBN978-4-86429-114-9